竹林七贤

刘强——著

中国青年出版社

目录

七个人的一百年（代序）

这部书的主人公，是魏晋时期一个非常著名的文人群体——“竹林七贤”。

“魏晋”这两个字，不仅是一个历史概念，更是一个文化概念。

就历史言，魏晋是个乱世：王纲解纽，礼崩乐坏，伦常失序，群雄并起，“皇帝轮流做，明年到我家”，致使神州板荡，生灵涂炭。一句话，天下大乱，且乱得不能再乱！

就文化言，魏晋是个花园：思想自由，价值多元，个性张扬，文艺勃兴，上可与先秦相媲美，下则为盛唐开先河，人才辈出，群星璀璨。一句话，美不胜收，怎一个美字了得！

魏晋，就好比中国历史长河中的“三峡”：一则是，地势诡谲，险象环生，逼仄处，山重水复疑无路；一则是，峰回路转，移步换景，开豁时，无限风光在险峰！

魏晋，有说不尽的金戈铁马，英雄无悔；魏晋，更有道不完的剑胆琴心，名士风流。

公元220年，曹丕代汉称帝，建立曹魏政权，历时45年，先后有五位皇帝在位。

公元265年，司马炎篡魏自立，建立西晋王朝，历时52年，共有四位皇帝临朝。

公元316年，经过八王之乱、五胡乱华的西晋王朝灭于匈奴之手。次年，司马睿在建康（今南京）称帝，是为东晋。东晋偏安江南，历时104年，

皇帝走马灯般换了11位，一辈不如一辈。

公元420年，刘裕逼迫东晋末代皇帝司马德文逊位，自称尊号，建立刘宋王朝，南朝170余年的历史由此展开。

无巧不巧，自曹丕建魏，至刘裕称帝，魏晋这段历史，正好跨越二百年！

这二百年，“合久必分”的历史大戏演了两场：一场是大一统的汉分裂为三国，一场是统一了三国的晋，再度被北方少数民族政权所灭，由此造成了长达270余年的南北大分裂，直到隋文帝杨坚出来收拾残局，一统江山。分合之间，各路豪杰，龙争虎斗，英雄、枭雄、奸雄，层出不穷。正应了一句话——“乱世出英雄”。

不幸之中的万幸，这二百年，却是思想、文化、艺术的黄金时代。儒家经学式微，道家思想抬头，神仙道教方兴未艾，佛教东渐，落地生根，玄学风靡，尽态极妍，伴随着“人的觉醒”，“文的自觉”亦如影随形，文学、音乐、书法、绘画、雕塑、建筑等各种艺术样式，无不达到空前的繁荣与成熟，大师巨匠，络绎不绝，精品杰构，光耀古今。这也应了一句话——“国家不幸诗家幸”。

美学家宗白华先生说：“汉末魏晋六朝是中国政治上最混乱、社会上最苦痛的时代，然而却是精神史上极自由、极解放、最富于智慧、最浓于热情的一个时代。因此也就是最富有艺术精神的一个时代。”（《论〈世说新语〉和晋人的美》）诚哉斯言！

总之，这是一个充满色彩、悖论、冲突和悬念的时代。

这个时代，英雄辈出，武功赫赫，《英雄记》中人物多。

这个时代，名士纷纭，佳言如屑，《名士传》里风光好。

这本小书的主人公“竹林七贤”，就诞生于这个波诡云谲的时代。

他们不仅生存于、活动于这个时代，他们更影响了，甚至改变了这个时代。以至于后人说起“魏晋风度”“名士风流”时，“竹林七贤”总是

作为一面旗帜被高举，一种精神被弘扬，一个神话被膜拜。

“唯大英雄能本色，是真名士自风流。”他们不是“大英雄”，而偏“能本色”。本色而兼风流，当然是真本色，大风流。

这七个人，对中国古代的思想、文化、文学、艺术乃至中国人的心灵，都产生过巨大而深刻的影响。这影响，自上而下，从古到今，文人墨客之诗文，名山秀水之遗迹，街谈巷议，道听途说，青史定论，黎庶口碑，无不斑斑可考，在在可见。

他们身上，几乎集中了中国古代读书人立身处世的所有选择。他们或仕，或隐，或仕隐双修，亦官亦隐；或智，或愚，或愚智相济，大智若愚；或语，或默，或语默并存，皮里阳秋；或嗔，或怒，或不嗔不怒，喜愠不形于色；或好，或恶，既能善善恶恶，爱憎分明，又能好恶不争于怀，口不臧否人物。他们矛盾着，痛苦着，纠结着，挣扎着，反抗着，他们不得不做着人生的各种试验，只希望在乱世中活出一份人的尊严。

他们身上，还凝聚着中国古人逍遥自适的精神，诗意栖居的理想，田园牧歌式的生存体验，以及形而上的超越气质。他们纵情山水，亲近自然，热爱艺术，崇尚审美，鄙薄权贵，向往自由。他们是喝酒的健儿，清谈的名嘴，诗文的行家，弹琴的里手。他们的萍聚，是一道人生盛宴，一段文艺华章，彰显的是一种“独立之精神，自由之思想”；他们的星散，则是一场乱世悲剧，一曲红尘哀歌，演绎出了一系列人生大主题、存在大拷问：权位的丑恶，功业的虚无，生命的荒凉，自由的无价，真情的不朽……一曲终了，黯然销魂！

“竹林七贤”，几乎是中国古代文人的一面镜子。

从某种程度上说，走近了他们，也就走近了中国古代文人的心灵。

了解了他们，差不多也就了解了专制制度下的古代中国人。

他们有真性情，因而有佳故事。

他们的性情千姿百态，引人入胜；他们的故事扑朔迷离，深入人心。

而且，还有一个天大的巧合常常不为人所注意——

公元205年，竹林七贤的“老大哥”山涛出生。

公元305年，竹林七贤的“小老弟”王戎去世。

这七个人，从横空出世到黯然终结，前后跨度，不多不少，正好一百年！

一百年啊，多少人来，多少人去？繁华，憔悴，萎靡，凋零。循环往复，周而复始。梨花带雨，落英缤纷。

一百年，不过弹指一挥间；真风流，雨打风吹总不去。

“曲终人不见，江上数峰青。”

是谁，在冥冥之中规划着这一百年，操纵着这一百年？

是上帝？还是历史老人？是时间？还是命运？

七个人，一百年，历史和文化推陈出新，士风和文风为之一变。其中，到底有何玄机？谜底，究竟藏在哪里？

第一章　七贤之谜

请君猜谜

《晋书·刘毅传》有句话："六国多雄士，正始出风流。"

正始，是三国曹魏的一个年号，时在公元240年至249年。

正始十年，不仅在中国古代政治史上是一个值得注意的时期，在中国文化史上地位也格外重要。这一时期，中国文化的一个"土特产"——名士文化——宣告成熟。在汉代史籍中尚不多见的"名士"一词，从此堂而皇之、络绎不绝地出文入史，几成泛滥成灾之势。

与此同时，名士群体也开始闪亮登场，正式走上了历史和文化的前台。

于是，在后人的记述中，赫然出现了"正始名士"这样的字眼。正始名士的核心人物有三个：何晏、王弼、夏侯玄。他们都是名门之后，贵胄之子，当朝显要。一句话，他们是在朝的名士，居于"庙堂之高"。

而本书的主人公们，则被冠为"竹林名士"。他们也在正始年间相遇，并结成了一个相对松散的交游圈子。他们的出身并不显贵，多与现实政治保持着距离，以隐居为乐事。一句话，他们是在野的名士，处于"江湖之远"。

但是，后者的名声，很快就超过了前者。在后人的传播和想象之中，他们的形象日益高大，他们的故事分外迷人，他们的精神令人神往。渐渐地，他们被凝固成一个非常富有诗意的称谓——竹林七贤。

说起竹林七贤，人们都会联想到这么一幅画面：在青山秀水之间，茂林修竹之下，七位风采出众的隐士，或坐或卧，姿态各异，有的开怀畅饮，有的弹琴度曲，有的仰天长啸，有的挥麈谈玄，自由自在，无拘无束。他们的举手投足，音容笑貌，无不尽显名士的超然高蹈、潇洒风流。

这样一幅画面，是我们的凭空臆想吗？当然不是。事实上，这画面

的“定格”，有着历史和文化的有力支撑。比如，唐代画家孙位就有一幅传世名画，题为《竹林七贤图》，又名《高逸图》。尽管此画只存残卷，七贤只能看到四贤，但画面所表现的人物风貌及精神气质则是高蹈而脱俗的。再比如，20世纪60年代，在南京江宁西善桥出土的南朝《竹林七贤与荣启期》画像砖，作为现存最早的关于竹林七贤的艺术作品，它所展现的人物精神气质与《高逸图》并无二致。至于当代画家的笔下，竹林七贤的形象就更是空灵幽眇，超凡入圣。这样一来，我们脑中闪现出上述那样一幅画面也就毫不奇怪了。

然而，这样一幅画面到底有多少真实性和可信度呢？

说实话，很难说。太过理想的画面，恰恰会造成对真相的遮蔽。如果用照片来比喻这幅画面，那它应该是艺术照，而非生活照。为什么？道理很简单，竹林七贤再超脱，毕竟不是神仙，而是人。他们都不是活在真空里，而是活在社会中、历史中，甚至是在残酷的政治斗争中。众所周知，在人类社会中，绝对的自由是不存在的，更何况竹林七贤生活的时代正好是一个政治环境十分险恶的乱世呢？

所以，走近真实的竹林七贤并不容易。

对真相的靠近过程，其实就是一次耗费心力的猜谜过程。

更何况，竹林七贤的故事，展现的本就是一个历史大谜、文化大谜、人生大谜？

所以，在进行故事的讲述前，我们有必要跳出故事，先来做一番猜谜游戏。只有这样，才有可能拨云见日，一睹其庐山真面。

我以为，围绕着“竹林七贤”这个称谓，至少就有三大谜题。

第一大谜题：竹林七贤是不是只有七个人？这是——人数之谜。

第二大谜题：竹林七贤是不是知道“竹林七贤”？这是——传播之谜。

第三大谜题：竹林七贤是不是真在“竹林”活动？这是——地点之谜。

人数之谜

首先，第一大谜题：竹林七贤是不是只有七个人呢？

比较不冒风险的回答当然是——“是”。因为这问题本身就有毛病：不是七个人，又怎么叫作“七贤”呢？

但是，不冒险的回答不一定就是负责任的回答。不冒险的回答往往是权衡利弊的回答，是尽量从众的回答。这样的回答比较讨巧，不容易得罪人。

负责任的回答是什么呢？我以为应该是——“是，也不是”。

说它“是”，是因为竹林七贤早已是一个约定俗成的概念，七贤是哪些人也都是有据可查，确凿无疑。我们还是先认识一下竹林七贤是哪七个人吧！根据各人在这个群体中的重要程度，竹林七贤可以排列如下：

1. 嵇康（223—262），字叔夜，谯郡铚（今安徽濉溪，一说安徽宿州）人。

2. 阮籍（210—263），字嗣宗，陈留尉氏（今属河南开封）人。

3. 山涛（205—283），字巨源，河内怀县（今河南武陟）人。

4. 刘伶，字伯伦，沛国（今安徽淮北）人。生卒年不详，年龄当介于阮籍与嵇康之间。

5. 向秀（约227—272），字子期，河内怀县（今河南武陟）人，与山涛同乡。

6. 阮咸，字仲容，陈留尉氏人，阮籍之侄。生卒年不详，年龄应该比向秀略小。

7. 王戎（234—305），字浚冲，琅琊临沂（今属山东）人。王戎在七贤中年龄最小，比山涛小29岁，比阮籍小24岁，比嵇康小将近10岁。

以上就是竹林七贤的大名单。嵇康、阮籍、山涛是核心人物，其余

四人则为羽翼。从籍贯上看，竹林七贤中有四个河南人，分别是阮籍、山涛、向秀、阮咸；两个安徽人，嵇康和刘伶；一个山东人，即王戎。这个地域的分布，差不多也代表了“魏晋风度”的发源地和大本营。

既然这七个人清清楚楚，又为什么说“也不是”呢？

这就要说到“竹林之游”这个概念了。根据史料记载，在七贤被定名之前，他们的交游常常被称作“竹林之游”。这个说法大概在西晋就已出现，远比“竹林七贤”的称谓要早。也就是说，最初参与竹林之游的人，绝不仅仅只有七个。

还有哪些人参与了竹林之游，却没有进入七贤的大名单呢？

第一个就是嵇康最好的朋友吕安。吕安（？—262），字仲悌，东平（今属山东）人。吕安和竹林七贤中的山涛、向秀都很要好，他和嵇康的关系远比王戎等人更亲近，以至于竟有学者提出，应把吕安也放进这个名士群体，将竹林七贤改成“竹林八贤”。此论虽然可商，但足以看出吕安在竹林之游中的声望和地位。

还有一位名士袁准，字孝尼，陈郡扶乐（今属河南）人，魏国郎中令袁涣之子。入晋后，官拜给事中。此人与嵇康和阮籍均有交往。嵇康因为没有教他弹奏《广陵散》，临刑前都耿耿于怀。阮籍晚年为司马昭写《劝进文》，也是在袁准家醉酒之后的事。所以，袁准也应该算是竹林之游的参与者。

此外，还有一些人与竹林之游的召集人和东道主嵇康过从甚密，比如嵇康的哥哥嵇喜，嵇康的好友阮侃、阮种，嵇康的学生（也是铁杆粉丝）赵至，这几个人都与嵇康有过很深的交往，自然也不应排除在竹林之游的圈子之外。

问题是，既然竹林之游不止七个人，为什么又被称为“七贤”呢？要说吉祥数字，“八”不是比“七”更好吗？这个问题史学大师陈寅恪先生早有解说。陈先生认为，这大概和孔子的一段话有关。《论语·宪问》篇

中有一章说：

> 子曰："贤者辟世，其次辟地，其次辟色，其次辟言。"子曰："作者七人矣。"

孔子说："贤能的人避开乱世，次一等的人避开乱邦，再次一等的人避开难看的脸色，更次一等的人避开难听的恶言。"孔子又说："这样做的人已经有七位了。"

这里，"贤者"和"七人"合起来不就是"七贤"吗？也就是说，竹林七贤的命名，可能是后人为了比附经典和圣人孔子的一个说法，所以"竹林之游"也就定为"竹林七贤"了。

传播之谜

第二大谜题：竹林七贤这个名称是怎样逐渐形成的？换句话说，竹林七贤的七个人知道自己是"竹林七贤"吗？

我的回答是：不知道。根据文献和史料的记载可知，竹林七贤其实是一个比较松散的文人群体。他们的结识、定交也有一个时间先后的过程，完成这样一个过程大概经历了十来年。

我们已经知道，参加竹林之游的人数不止七个，那么到底是什么时候才有了"竹林七贤"的说法呢？

答案是东晋初年。而且，先后经过了四个文人的加工。哪四个文人呢？

第一个是东晋名士孙盛（约302—374），他在《魏氏春秋》中首次提出"七贤"的说法：

> （嵇）康寓居河内之山阳县，与之游者，未尝见其喜愠之色。与陈留阮籍、河内山涛、河南向秀、籍兄子咸、琅玡王戎、沛人刘伶相与友善，游于竹林，号为七贤。（《三国志·王粲传》注引）

这个材料有三点值得注意：其一，七贤中，嵇康是中心；其二，他们活动的地点在河内山阳，也就是今天河南省修武县；其三，只是说“游于竹林，号为七贤”，并没有说“竹林七贤”。

第二个文人，即正式给竹林七贤命名的东晋画家、隐士戴逵（字安道，约326—396）。戴逵也是谯郡铚（今安徽濉溪）人，与嵇康同乡。他写了一部《竹林七贤论》，首次标举“竹林七贤”，并把七人放在一起加以论述。这是竹林七贤命名的标志。

第三个是东晋文学家袁宏（约328—约376），他写了一部《名士传》，把魏晋名士分成三个阶段，三个群体，分别是“正始名士”“竹林名士”和“中朝名士”（即西晋名士）。其中“竹林名士”就是指阮籍、嵇康等七人。这个说法似乎更强调了“竹林”这个概念。而袁宏写《名士传》，很可能是受到东晋风流宰相谢安的影响。

到了南朝刘宋年间，临川王刘义庆（403—444）编撰《世说新语》一书，从上述文献中搜集了七贤的大量轶事，对竹林七贤再次予以“追认”：

> 陈留阮籍、谯国嵇康、河内山涛三人年皆相比，康年少亚之。预此契者，沛国刘伶、陈留阮咸、河内向秀、琅邪王戎。七人常集于竹林之下，肆意酣畅，故世谓“竹林七贤”。（《世说新语·任诞》）

在这条记载中，突出了七贤的三个核心人物：阮籍、嵇康、山涛；四个羽翼人物刘伶、阮咸、向秀、王戎则是“预此契者”，并且比孙盛所述多了一条信息——“肆意酣畅”，就是放纵饮酒。这就把竹林七贤和饮酒

联系在一起了，同时再次把七人聚会的地点锁定于“竹林之下”。竹林七贤从此深入人心，成为一个非常吸引眼球的文化符号和人物标签了。

总之，竹林七贤是从竹林之游生发开来并逐渐定型的一个名称，其中经历了一个漫长的传播过程。从七贤真正活动的三国魏末，直到竹林七贤正式被命名的东晋，中间相差近一个世纪。也就是说，所谓竹林七贤，事实上属于文化传播上的一个逐渐形成的文化概念，而不是当事人真实经历的历史过程。

所以我们说，参加竹林之游的这些名士们，压根不知道后人会把他们中的七个人称作“竹林七贤”。

地点之谜

第三大谜题：竹林七贤经常聚会的地点在哪里？他们是不是经常在竹林中活动呢？

这本来不是一个问题，因为大的活动范围，孙盛已经在《魏氏春秋》中说得很清楚了，就是“河内之山阳县”，即今天河南修武县云台山一带。这个地方2004年被联合国教科文组织批准为“世界地质公园”后，已成为中国旅游业的一匹黑马，是个游人络绎不绝的自然风景区。对于这里曾是当年嵇康的隐居之地，也曾是七贤中人经常聚会的地方这一点，大家都没有异议。

争议的焦点在哪里呢？就在“竹林”两个字上。也就是说，“竹林”作为修饰“七贤”的一个重要符号，它到底是一个实实在在的地理概念呢，还是一个有着丰富内涵的文化概念呢？这个在古代不成问题的问题，在20世纪突然成了一个很大的学术问题。

20世纪40年代，史学大师陈寅恪先生在《陶渊明之思想与清谈之关系》一文中，提出一个石破天惊的观点，他认为竹林七贤的“竹林”二字，未必是现实的自然地理概念，而是从佛经翻译中“拿来”的一个名词。

原来，佛经里有一个很著名的故事，说佛祖释迦牟尼在古印度的佛教圣地王舍城弘扬佛法时，当地有位长者，名叫迦兰陀（梵语Kalandaka的音译）。他在听了佛陀讲法之后，茅塞顿开，开始崇信佛教。为表示虔敬之心，他捐出了自己的一片竹园，并在竹园内建造“精舍”（精致的房舍），供佛陀及其弟子居住。这成为佛教寺院的前身，史称“竹林精舍”。

陈先生认为，西晋末年，随着佛教经典的翻译，“竹林精舍”的故事开始进入人们的视野，于是人们就把本土文化的“七贤”与“竹林精舍”联系在一起，最终形成了“竹林七贤”这个说法。也就是说，“七贤”未必是在自然界的“竹林”之下活动，山阳在当时也未必真的盛产竹子。至于后来文献中出现山阳有竹林的记载，很有可能是后人的附会使然。应该说，陈先生的这个观点是颠覆性的，可以说是一个“大胆的假设”。虽然陈先生没有经过“小心的求证”，但我以为，这个假设的学术价值非常高。

至于“七贤”为什么会和佛教中的“竹林”联系在一起呢？陈先生没说。我个人认为，很可能是因为两者的世界观有相似性。孔子所说的“七位贤者”是“避世避地避色避言”的，而佛家的“竹林精舍”则是超尘脱俗的。两者追求的都不是“入世”，而是“出世”的理想。也就是说，修饰“七贤”的“竹林”二字，事实上是有着象征意义的，不一定就是指自然界的竹林，它代表的实际是一种出世的理想。嵇康等人都是有避世隐居之志的，他们是当世贤者，所以，后人自然把“竹林”的概念和他们挂起钩了。

说实话，我和一些学者一样，感情上很难接受这一种推断。我们情

愿相信竹林七贤真的是一些徜徉于竹林之下、弹琴赋诗、不亦乐乎的隐士高人。21世纪以来，也有学者经过实地考察和“小心的求证”，对陈寅恪的观点提出了反驳。比如说，最有力量的反驳有两个：一是，当时的佛经中，翻译为“竹园”的情况比翻译为“竹林”的情况更多；二是，在古代文献中，山阳一带的确有盛产竹子的记载。

我对这些学者充满尊敬；但是，从逻辑上来说，上述反驳都不能证明陈先生的观点是错误的。我甚至有一种直觉，陈寅恪先生说的也许是对的。支持陈先生的论据至少有以下三种：

第一，在竹林七贤及其同时代文人的诗文中，几乎找不到“竹林”的影子，甚至连“竹”的意象都极为少见。比如，家住山阳的嵇康，他的诗歌中没有一次提到竹子。在他死后，他的好朋友向秀写了一篇《思旧赋》，其中描写了山阳旧居的概貌，也没有提到竹子。这说明，七贤中的代表人物并不像我们想象的那样对竹子情有独钟。

第二，前面我们说过，20世纪60年代在南京西善桥出土的南朝墓室中，有一组著名的《竹林七贤与荣启期》画像砖，画面上作为七贤背景的植物，有银杏、有松树、有槐树、有垂柳，偏偏没有竹子。这也说明，至少在南朝，人们心目中的七贤，并不一定就与自然界的竹子有必然关系。

第三，东晋有个名士叫孙绰，他信仰佛教，与名僧多有交往。他写有一篇《道贤论》，把两晋时的七位名僧和竹林七贤进行类比：以竺法护比山涛，竺法乘比王戎，帛远比嵇康，竺道潜比刘伶，支遁比向秀，于法兰比阮籍，于道邃比阮咸，认为他们都是高雅通达、超群绝伦之人。这说明，东晋时的确存在着把竹林七贤和佛教人物“嫁接”的事例。

所以，无论情感上多么不能接受，我还是比较倾向于认为，竹林七贤可能是一个具有象征意义的文化概念，和自然物竹林没有直接或者必然的联系。

聚散之谜

猜了三个谜，越猜越泄气。“竹林七贤”这个名称，差不多都要散架了！

那么，既然竹林七贤这个名称有这么多的谜团和疑点，这个概念还能用吗？

我的回答是：当然能用。

首先，七贤都是真实存在的历史人物，他们彼此之间，的确有过亲密的交往，而且一度有着共同的人生信念和价值追求。他们虽然不一定是在竹林中聚会，但他们向往自然，啸聚山林，隐居求志，这一点是毫无问题的。

其次，“竹林七贤”的说法虽然东晋才出现，但作为一个文化概念却是一个真实的概念。它反映了当时的人们对七贤曾经有过的潇洒人生充满了仰慕和崇敬。从文化传播上讲，“竹林七贤”是一个真命题，而不是一个伪概念。

第三，文化现象有个约定俗成的问题，不一定要和学术争鸣牵扯到一块儿。学术界存疑的事情，老百姓完全可以当真。因为说到底，我们都不是历史的还原者，而是历史和文化的欣赏者和消费者。

人数之谜也好，传播之谜、地点之谜也罢，都不是最关键的。因为，围绕竹林七贤，还有一个更大的谜团，在等待着我们去探寻，去解答。那就是——七贤聚散之谜。

我们关心的是，在那样一个政治环境险恶、生命朝不保夕的乱世，这么一群出身不同、年龄不同、籍贯不同、性情各异的文人，他们究竟是怎么走到一起的？又是由于什么原因不得不分道扬镳的？就像梁山好汉一

样，他们到底是怎么“入伙”的，又是怎么“散伙”的呢？

我以为，这个问题才是关键。

而要回答这个问题，就必须把他们放在具体的历史环境中去观察、去分析，必须把当时整个的政治背景和历史大势都搞清楚。只有这样，才能接近历史的真相，再现出一个相对真实的竹林七贤。

那么，究竟如何走近真实的竹林七贤呢？我以为，首先要抓住一把钥匙，只有抓住了这把钥匙，竹林七贤聚散之谜的谜底才会坚冰乍破，浮出水面。

什么钥匙呢？那就是——曹马之争。我们知道，在魏晋改朝换代的特殊历史时期，曹氏家族与司马氏家族这两大政治力量之间，为了争夺最高统治权，展开过一系列错综复杂、旷日持久、惊心动魄的政治斗争。这一系列的政治斗争，就是我所说的“曹马之争”。

可以说，如果当时不存在曹马之争，国家政局相对安定，也就不会产生竹林七贤这个群体了。说到底，竹林七贤的形成和发展，命运和结局，都与曹马之争打断骨头连着筋，环环相扣，紧密相连。

那么，曹马之争到底是怎样展开的呢？这就不得不从曹叡（205—239）托孤的事件开始说起了。

第二章　曹马之争

曹叡托孤

三国曹魏景初三年（公元239年）正月二十二日这一天，正值隆冬时节，京城洛阳的天气格外寒冷。可是，比外面的天气还要寒冷的却是嘉福殿的皇帝寝宫。皇宫里不仅寒冷，还有一种悲凉肃杀之气。为什么？因为当朝皇帝快要驾崩了！皇帝是谁呢？就是曹操的孙子、曹丕的儿子，魏朝的第二个皇帝，史称魏明帝的曹叡（ruì）。

当时，魏明帝曹叡躺在御床上，面色惨白，形容枯槁，奄奄一息。一旁伺候的宫女宦官战战兢兢，汗不敢出，大家都在等待着皇帝归天的那一刻。说也奇怪，曹叡三天前便已经进入弥留之际，差不多只剩下一口气了，可是直到我们说的这一天，他还在硬撑着不愿离去。看着他虚弱的病体竟然和死神搏斗到现在，大家都觉得这简直是个奇迹。

除了皇帝身边的近臣，当时在御床旁边侍立的，还有两个小男孩：一个是齐王曹芳，只有8岁；另一个是秦王曹询，年仅9岁。两个小男孩对眼前要发生的变故并不完全明白，但他们知道，这个自己叫作父皇的男人就要死了，自己以后的靠山就要崩塌了！

要说曹叡的命也真不好。虽然他贵为天子，养尊处优，但寿命实在太短，不到35岁就开始进入“倒计时”了。更可怜的是，曹叡当了13年的皇帝，宫中养了那么多嫔妃，每日里花天酒地，龙种广播，却差不多是个“绝户头”。因为太过荒淫，曹叡的儿子成活率极低，而且不是一般的低，简直是低到了零！本来曹叡亲生的儿子有三个，却无一例外没有活过两岁，都是还在襁褓中嗷嗷待哺时便不幸夭折了。

没办法，为了延续大统，曹叡只好收养了两个养子，就是此刻站在他御床旁边的两个小男孩。关于这两个男孩的出身、血统，史书语焉不详，

只是十分暧昧地写了一句：

> 宫省事秘，莫有知其所由来者。（《三国志·三少帝纪》）

我推测，这两个孩子应该也是曹魏宗室的后代，否则曹家的基业岂不要落入他人之手？曹叡就是再糊涂，这笔账还是算得清的。曹叡收养这两个孩子应该是在病重之后。之所以要收养两个，大概也是为了观察一下，以便择优传位。根据史书的记载，就在这一天，皇储也就是未来的接班人已经选定，就是8岁的齐王曹芳。为什么不选9岁的曹询呢？史书没有交代。一个很大的可能是，曹询身体比较孱弱；他确实也是没过几年就死掉了。从这个角度看，选曹芳也是有道理的。

既然皇储已经选好，后继有人了，为什么曹叡还迟迟不愿离开这个世界呢？

因为他在等一个人。如果等不到这个人，他就对身后之事放心不下。要说做皇帝也真不容易，连死都没法痛痛快快。一般人死了，两腿一蹬一了百了，身后之事往往由家人负责料理。可皇帝连这个自由都没有，皇帝——如果他还是个负责任的皇帝的话——的后事，必须在临死之前自行料理，否则他就死不瞑目。

此时此刻，曹叡就是忍着死亡来临之前的巨大痛苦，等待一个可以托付后事的人，把该说的话说给他听，把维护皇室命脉的接力棒交到这个人手里。

是谁这么大胆，竟敢让皇帝忍死等了三天还不出现？

这个人不是别人，正是在三国历史上大名鼎鼎的司马懿（yì）。司马懿之所以迟迟不到，也不是他真就吃了熊心豹子胆，胆敢抗旨不遵，而是因为他在一年前就被皇帝派到辽东打仗去了。此时此刻，他正快马加鞭，星夜兼程地走在赶往皇宫的路上。

司马懿其人

我们知道，在三国历史上，司马懿也算是一代枭雄。能征善战，足智多谋，有着很高的军事指挥才能，可以说是三国时非常杰出的一位军事家。我们还知道，司马懿阴险狡诈，残忍好杀，是历史上少有的野心家、阴谋家。一提起他，我们眼前就会闪现出一个包藏祸心、双手沾满鲜血的刽子手的形象。由于司马懿的多年努力，他的子孙最终窃取了曹魏的政权，建立了西晋王朝。为此，在戏曲的脸谱里，司马懿是个标准的白脸奸臣。

那么，司马懿是不是天生就是一个乱臣贼子呢？我以为并非如此。司马懿之所以成为后来的司马懿，是由一系列主客观原因，甚至包括一些偶然因素造成的。别的不说，要是司马懿的寿命没这么长，要是他赶在曹叡托孤之前就死掉，那么他在历史上的形象就会好得多。白居易有首诗写得好：

> 周公恐惧流言日，王莽谦恭未篡时。
> 向使当初身便死，一生真伪复谁知？（《放言其三》）

一句话，司马懿就是三国时的王莽，是王莽的隔代传人。

为什么这么说？因为司马懿和曹氏家族的关系是非常复杂的。直到曹叡托孤之前，司马懿扮演的一直是对曹魏政权“谦恭”的忠臣形象。如果不是他活到了73岁，碰上了曹叡死亡、皇帝年幼、曹魏集团日益衰弱所造成的权力真空，也许，他就没有机会成为后来的司马懿。

这世界上，最具诱惑力的东西，不是金钱，不是美色，而是权力。

俗话说：有钱能使鬼推磨。但是我要加上一句：在专制极权社会，有权能使磨推鬼。

英国历史学家阿克顿有句名言：“权力使人腐败，绝对权力绝对使人腐败。”

的确，为了争夺绝对权力，人心会被极大地腐蚀和扭曲。什么不可思议、惨无人道的事情都有可能发生。

但是历史不容假设。事实是，司马懿先后为曹操、曹丕和曹叡祖孙三代服务了三十多年，而且服务得相当不错。他的最后一个服务项目是：分别为曹氏祖孙三代送了终。因为司马懿命硬，能活，他的家族笑到了最后。

孔子说过一句骂人话：“老而不死是为贼。”这话用在司马懿身上，正好合适。

司马懿是怎么和曹氏家族打上交道的呢？这要从头说起。

汉献帝建安六年（201），曹操47岁，正当壮年；司马懿只有23岁，羽翼未丰。当时曹操“挟天子以令诸侯”，刚在和袁绍进行的官渡之战中大获全胜，官至司空，位高权重，于是开始招贤纳士，广揽人才。他听说司马懿有才，就征召他做自己的属官。

司马懿什么心态呢？一句话——不屑。《晋书·宣帝纪》说，司马懿“知汉运方微，不欲屈节曹氏”。出于一种豪门大族的“傲慢与偏见”，司马懿对曹操有一种骨子里的轻蔑。我们知道，曹操的出身很不上台面。其父曹嵩（sōng）是汉末宦官曹腾的养子，传说本姓夏侯氏，后来才改姓为曹。陈寿写《三国志》，提到曹操的父亲曹嵩，也说了一句很暧昧的话：“未能详其生出本末。”（《三国志·武帝纪》）就是搞不清他出身的来龙去脉，真的“未能详”吗？恐怕不是。不过是“为尊者讳”罢了。

司马懿则不然，他出身高贵，祖祖辈辈都很显赫。其父司马防官至京

兆尹，是京城的地方行政长官。司马懿这个人，我们一般都把他当作狡诈残忍的奸雄来看待，但事实上，他出身于儒学世家，恰是正统的士大夫利益的代表者。这样一个人，对于出身阉宦之家、品行不端的军阀曹操，当然拥有轻蔑和不屑的资本。

因为不屑，司马懿就“辞以风痹，不能起居”（《晋书·宣帝纪》，下同）。“风痹”，就是因中风而引起的风瘫症，主要症状是关节疼痛，半身不遂，生活不能自理。曹操不信，就派人夜里前去刺探，看到司马懿卧床不起，一动不动，也就信以为真。

两个人都是表演大师。第一次交手，曹操便被司马懿忽悠住了。

不过，司马懿为了圆这个谎，也付出了极大的生命成本。他这一“病”，竟长达六七年！从23岁到29岁，差不多都在病床上度过。司马懿城府之深，耐性之好，于此可见一斑。

但是，躲得过初一，躲不过十五。曹操认准的事肯定要办，认准的人也一定要用。建安十三年（208），曹操升任丞相，正是用人之时，他又一次征召司马懿。不过这次是“胡萝卜加大棒”，软硬兼施。他对前去请司马懿的使者说，“若复盘桓，便收之”——如果这小子再磨磨叽叽，就把他抓过来见我。

迫于压力，司马懿只好“惧而就职”。就的什么职呢？文学掾（yuàn）。文学掾是个文官，主要职责是管理学校，教授弟子，也兼管郡内教化、礼仪方面的事务。从此，司马懿跟随曹操、曹丕父子东征西讨，军政大事无不尽心谋划，深得曹氏父子器重。

那么，是不是曹操真的对司马懿很放心呢？当然不是。史书上有个记载，说曹操后来看出司马懿有雄豪之志，又听说司马懿有一个生理上的异相——“狼顾相”。“狼顾相”就是狼回头看的面相，就是像狼那样能够把头转180度回头看。据说有此面相的人，都是嗜血残忍的虎狼之辈，是随时可能反咬一口、倒打一耙、翻脸无情的危险人物。曹操于是找机会试探

了司马懿一次。怎么试探的呢？他把司马懿叫过来，让他往前走，走着走着，突然命令他回头。只见司马懿猛一回头，脸正对着曹操而整个身体并没有动。果然是标准的“狼顾相”！曹操一看，狼来了！从此对司马懿就有了戒心。

还有一次，曹操做了一个梦，梦见“三马同食一槽”，就是有三匹马同在一个槽里吃草料。曹操是个很多疑也很迷信的人，他认为“三马”就是司马懿父子三人，“一槽”就是曹氏家族。这个梦让曹操有一种不祥的预感，于是他对曹丕说：“司马懿非人臣也，必预汝家事。”意思是，司马懿这家伙可不是甘居人臣的主儿，我死后他一定会干预你的大事，不可不防啊！

后来曹操多次找借口要除掉司马懿，但都被司马懿一一化解。司马懿看准自己在曹操那里讨不到便宜，便一边向曹操示弱、取媚，一边为自己寻找最保险的靠山。他凭借狐狸般敏锐的政治嗅觉，看准曹丕将来要成大事，就开始经营和曹丕的“战略伙伴关系”。结果是，曹丕被他哄得团团转，只要曹操发难，曹丕总是尽量保护，最终司马懿安然无恙。为了表忠心，司马懿更加忠于职守，有时忙得夜里都忘了睡觉，甚至割草喂马的事，他都屁颠儿屁颠儿地去干。用现在的话说，司马懿挺会在曹操跟前“装孙子”。这样一来，曹操也就对他眼睁眼闭、既往不咎了。

建安二十五年（220），曹操去世。丧事由司马懿一手操办，办得是井井有条，庄严隆重，“内外肃然”。

这是曹马关系的第一阶段，曹操对司马懿主要靠压服，但心存猜忌。司马懿呢，好汉不吃眼前亏，委曲求全，俯首帖耳，乖巧无比，凭借着自己的高超演技最终化险为夷。

曹操死后，司马懿总算松了一口气。不久之后，他和众多曹魏的亲信大臣拥戴曹丕代汉自立。曹丕做了皇帝。实事求是地说，司马懿可以算是曹魏的开国功臣。曹丕登基后，对司马懿非常器重和信任。司马懿对曹丕

也是忠心耿耿，投桃报李，为曹丕看家护院，不遗余力。这里有两件事值得一提。

有一次，魏文帝曹丕要南巡，到与东吴交界的地方搞军事演习，又担心后院起火，就把司马懿留下来镇守许昌，并给司马懿加官晋爵，让他“录尚书事”，全权执掌朝中事务。司马懿很懂得低调做人的道理，就很谦虚地推辞不受。曹丕就说了：“我平常日理万机，夜以继日，没有片刻闲暇休息。现在让你总管朝政，不是什么大不了的荣誉，主要是要你替我分忧啊！”司马懿这才半推半就地答应，并且很好地完成了留守后方的任务。

还有一次，曹丕兴兵征讨东吴，又让司马懿留守后方，朝中大事仍然让他全权负责。司马懿又干得很好。曹丕回到洛阳，满意地对司马懿说：“以后我在东方，你就总管西方之事；我在西方，你就总管东方之事。”如此掏心掏肺，毫无保留，可见曹丕对司马懿的信任程度。

所以，当曹丕临终之时，特意把陈群、曹真、司马懿三位大臣召到身边来，颁布临终顾命（天子临终前的遗命），让他们共同辅佐太子曹叡。曹丕还对曹叡谆谆告诫：“有间此三公者，甚勿疑之。”对这三位老臣的可信度打了绝对的保票。

如果说曹操对司马懿是压服，曹丕对司马懿是信任，那么曹叡对司马懿简直就是仰仗了。曹叡在位13年，司马懿除了继续扮演“忠臣”的角色，继续报答曹氏的知遇之恩外，他还为自己赢得了另一个角色，就是一代“良将”。

像司马懿这样的人，如果一直让他镇守后方，应该没有大患。因为他的潜能有多大，连他自己都不知道，所以倒能安分守己。但是，如果让他手握兵权，带兵打仗，那就不可逆料了。实事求是地说，司马懿很会打仗。在曹叡时期，司马懿继续受到皇帝的高度信任，军权在握，东征西讨，打了几次胜仗，表现出了高超的军事指挥才能。我们看《三国演

义》，觉得诸葛亮简直是神乎其神，无所不能，无所不知。但是，如果你看正史的记载，就会发现，自从诸葛亮遇到司马懿，就开始走下坡路了。“空城计”那一出，根本就是查无实据的文学夸张。反倒是司马懿能够做到知己知彼，料事如神。司马懿对战争发展方向的判断，很多都是来自生活经验和对人的弱点与性格的研究。比如，他就根据诸葛亮的日常起居情况，包括吃饭的胃口，以及处理军务事必躬亲、巨细无遗的工作作风，做出预判，说：“诸葛孔明其能久乎？”果然不久，诸葛亮就命丧五丈原。

军事上的节节胜利为司马懿积累了雄厚的政治资本。如果说曹操、曹丕时代，司马懿还处于劣势的话，那么，在曹叡时期，司马懿则渐渐占据了优势，取得了主动。

但是问题恰恰出在这里。权力是个很可怕的东西。一个骨子里有着暴力情结的人，一旦掌握了权力，那就更可怕了。暴力和权力如果联合在一起，就会带来灾难性后果，最后弄得人将不人，国将不国！

司马懿就是这样一个集权力欲与暴力性于一体的奸雄人物。他在连年的征战中，不仅对于权力的欲望日渐膨胀，而且，其骨子中的残忍嗜血的本性，也在战争中爆发出来。

景初二年（238）年，辽东太守公孙渊起兵造反。60岁的司马懿奉曹叡之命，亲自带兵前往辽东征讨叛军。这次征讨，司马懿欲擒故纵，大玩兵不厌诈的手段，最终大败敌军。但是，获胜之后，司马懿却干了一件不可理喻的事：他带兵进城，来了个杀戮游戏，不仅杀了投降的叛军两千余人，还丧心病狂地杀了城里15岁以上的男丁七千多人！近万人的生命，一日之间灰飞烟灭！

这次屠杀是个危险的信号，暴露出了司马懿杀人不眨眼的残忍本性。从此以后，司马懿不仅爱打仗，而且爱杀人了。残酷的政治斗争不仅造就了一个欺骗专家、表演大师，还塑造了一个“变态杀人狂”！

临终遗言

就在司马懿平定辽东公孙渊的叛乱之后，有天晚上，他做了一个梦，梦见明帝曹叡枕在自己的膝盖上，说："你看看我的脸。"司马懿低头一看，觉得与平常有些异样。醒来以后，他心中很不舒服。果然不久之后，在大军班师还朝的路上，京城就传来消息——魏明帝曹叡病危，急招司马懿火速进京。这就回到我们开头讲的曹叡托孤的故事了。

当时情况十分紧急。这边曹叡为了见司马懿最后一面，完成托孤的使命，忍死以待；那边司马懿在三天之内，一连接到五封诏书，要他火速回京，进京之后直奔皇宫，不必通报，直接到寝宫觐见皇帝。真是命悬一线，十万火急！司马懿恐怕朝中有变，也不敢怠慢，连忙换了一辆速度奇快的"追锋车"星夜兼程，终于在曹叡断气之前赶回了皇宫。

我们可以想象，当奄奄一息的曹叡看到司马懿终于出现时，一定是眼前一亮，仿佛看到了一线希望。《三国志·明帝纪》及其他史籍都写到这一感人的托孤场景。当时，司马懿流着眼泪登上御床，见礼之后，曹叡握着他的手语重心长地说："我已病入膏肓，我忍死等着见你一面，就是要把后事托付给你，现在总算见到你了，我可以死而无憾了！"然后，他指着8岁的曹芳对司马懿说："这就是太子，以后就由你和曹爽辅佐他，你仔细看看，不要搞错了。"接着曹叡又让曹芳过来，抱住司马懿的脖子，以示亲近。白发老翁与红颜稚子的这一抱，就此定格在了历史的镜头中。那一刻，司马懿也是感激涕零，泪如雨下。

说完这些临终遗言不久，曹叡就撒手西去。但曹叡哪里会想到，正是这个他忍死等待的司马懿，最终带领他的两个儿子司马师和司马昭，窃取了曹魏的政权。有时，历史不仅玄妙，而且无情。曹马两家真不是一般的

缘分，而是不折不扣的孽缘。弥留之际的曹叡苦苦盼来的，不是曹氏天下的大救星，而是翻脸无情的掘墓人。

一个朝代要想长治久安，开国皇帝必须英明神武。后继皇帝也要身强体健才成，至少你要有个差不多的寿命吧？如果你的寿命连全国的平均数都达不到，要想国家长治久安，简直是异想天开。曹操活了66岁，寿命不算短；曹丕就不行了，只活了40岁；曹叡由于穷奢极欲，更短命，35岁就撑不住了。这祖孙三代不仅政治智慧呈递减下降的趋势，连寿命也是一辈不如一辈。曹操的后事是司马懿一手操办的，曹丕也是司马懿送终的，现在又轮到曹叡了。

但曹叡也并不那么傻，他毕竟还留了一手。他在临终遗言中，明确指出，司马懿必须和另一人共同担任顾命大臣，“夹辅”幼帝曹芳。这个人不是别人，就是曹魏的宗室、大司马曹真的儿子曹爽。曹真是曹操的养子，曹爽也就是曹操的侄孙了。

按理说，这个“夹辅”的体制在结构上还算合理。两个辅政大臣，一个是曹魏宗亲，一个是三朝元老，互相牵制，权力制衡，相对稳定。但是结构上没问题，不等于用人上无漏洞。或者说，正是曹爽的自我膨胀，专权跋扈，给了司马懿在曹马之争中反戈一击的最佳借口和机会，把曹魏基业最终葬送了！

裙带关系

俗话说：城门失火，殃及池鱼。这次托孤事件，不仅改变了曹魏政权的权力分配格局，也改变了很多士人的命运，其中就包括竹林七贤。

齐王曹芳登基后，改年号为正始，很有点正式开始的意思。从此以

后，曹马之争的重心就变了，变成了曹爽集团和司马氏集团的夺权斗争。

政治格局一旦重新洗牌，总是会引发潜藏的固有矛盾，从而给一个王朝带来致命的危机。我们的主人公——竹林七贤，就生活在曹马之争最敏感、最微妙也最残酷的时候。他们有的被曹爽集团拉拢，有的被司马氏集团看重，面临着人生抉择的一个个怪圈和困境。日本有位叫冈村繁的学者甚至说，竹林这个文人圈子，有可能是曹马两派安插在各自阵营外围的卧底和眼线，他们之所以聚合在一起是为了“相互获取对方的情报”，似乎这个松散的文人沙龙颇有特务组织的嫌疑。这个观点我们当然不能同意。但是不可否认，竹林七贤与当时曹马之间的政治斗争有着非常紧密的关系。

那么，竹林七贤中，第一个被卷入曹马之争的是谁呢？不是别人，就是年龄最大的山涛。为什么偏偏是山涛？因为山涛和司马氏家族有着非同寻常的关系。什么关系呢？

第一层关系是同乡关系。司马懿是河内温县人。山涛呢，是河内怀县人。两人是同郡老乡。在古代，同宗同族同乡同学的关系是比较亲近的，很容易结成政治上的同盟。

第二层关系更重要——姻亲关系。具体说是中表亲戚。因为山涛的一个从祖姑母——也就是堂姑奶奶——山氏，嫁给了河内平皋人张汪。他们婚后生了个女儿，名叫张春华。张春华18岁左右嫁给了司马懿，是司马懿的原配正妻，后来被尊为晋宣穆皇后。张春华对魏晋历史影响很大。她和司马懿生了三子一女，其中长子司马师和次子司马昭，都是左右魏晋改朝换代的关键人物。

现在我们知道了，山涛和司马家是表亲关系。司马懿的岳母山氏是山涛的堂姑奶奶，司马懿的夫人张春华是山涛的表姑，山涛该管司马懿叫表姑父。以此类推，司马师和司马昭就是山涛的表兄弟，后来晋朝的开国皇帝晋武帝司马炎，也就是山涛的表侄子了。这样一张盘根错节的“关系

网”，你说可怕不可怕？我觉得很可怕。

因为有了这层裙带关系，山涛后来的命运就有点像是杂技演员走钢丝，摇摇晃晃，充满了戏剧性和危险性。可以说，山涛一直在政治斗争的风口浪尖上摸爬滚打。

那么，在那样一个多事之秋，山涛有没有利用和司马懿的关系踏上仕途呢？

第三章　急流勇退

夜半弃官

正始八年（247）五月的一个晚上，坐落在洛阳城内的河南郡郡府衙门里，忙碌了一天的官吏们下班回家了。家在外地的，就住在官府提供的官舍里。官舍，相当于今天的政府招待所。表面上看来，这个夜晚和其他夜晚没什么两样。但事实上，这个夜晚却暗藏玄机，非同寻常。因为第二天早上，人们发现，有个官员神秘失踪了。人们在他的房间里，发现了被他丢弃的所有办公用品，包括官符啊印信啊等等，而其他私人物品，该拿的都拿走了。看这架势，此人显然是弃官不做、打道回府了！

那么，这个夜半弃官的人是谁呢？他，就是竹林七贤中年龄最大的山涛。

这件事史书记载非常简单，具体的细节我们只能通过合理的想象去揣测。好在，山涛那天并不是一个人独来独往，也就是说，这件事还有一个“目击证人”。目击证人是谁呢？他是京城尚书台的一个尚书郎，名叫石鉴。据《晋书·山涛传》记载，这天晚上山涛和石鉴共宿一室，同榻而眠。可是到了半夜，山涛突然坐起来，一蹬腿，把熟睡中的石鉴给叫醒了，然后很神秘地跟他说了一番话。这番话把石鉴弄得丈二金刚摸不着头脑。总之石鉴没怎么响应他，继续睡自己的大头觉了。

第二天早上，石鉴醒来一看，山涛竟然“投传而去”。什么叫“投传”？就是把自己的官符、印信等做官的凭据，都一股脑儿全扔在官舍里，弃官回家了！

山涛夜半弃官，在当时一定是引起了轩然大波，否则史官不会把这件事记载在史书里。我估计一定有很多人为山涛纳闷，为山涛惋惜，觉得山涛这么做不值。为什么？因为山涛出身微贱，40岁才出来做官，此时已经

43岁了，混到这一步挺不容易，他担任的“部河南从事”还是个很有前途的职位。他这么一拍屁股就走了，岂不是前功尽弃、自毁前程吗？但是，有意思的是，不到两年，这些自以为是的人便来了个180度的大转弯，开始佩服山涛的先见之明了。

到底发生了什么事，竟让山涛这么火烧火燎地撂挑子不干呢？山涛的夜半弃官，究竟是吉是凶、是福是祸、是智是愚呢？要把这些问题搞清楚，就必须从山涛的身世说起。

小族快人

建安十年，即公元205年，山涛出生了。竹林七贤中，按年龄，他排行老大。山涛的老家是河内郡的怀县，也就是今天河南省武陟县，地处黄河以北。关于山涛的出身，有个情况值得注意，那就是：山氏家族在当地不是一个士族，而是庶族。

士族和庶族有什么区别吗？区别大了。士族，就是指世家大族，一般是世代为官而且有爵位、有封地的名门望族。东汉以来，士族在政治、经济和文化上都占有垄断地位，甚至拥有世袭特权。我们可以用八个字来形容士族——位高权重，财大气粗。

那庶族又是什么呢？庶族，也叫寒族、寒门，是指士族以外的一般中小地主，政治地位较低，只能靠自己努力才能获得一官半职。我们也可以用八个字形容庶族——位末名卑，人微言轻。

汉代以来，士族和庶族可以说是界限分明，壁垒森严。士族高高在上，庶族备受歧视，简直天上地下，判若云泥。这种歧视严重到什么程度呢？严重到士族拒绝和庶族通婚，甚至以和庶族出身的人同席共坐为耻。

这也有个说法，叫“士庶有别”。

说山涛不是士族而是庶族出身，有证据吗？没有文献证据，但有两个可供推敲的旁证。

第一，山家史上无名人。山姓是个小姓，在百家姓里，排在第227位。山涛之前，历史上没有出过著名的人物，山涛算是第一个史书上有传记的山姓名人。山涛的父亲山曜（yào），只担任过一个小地方的县令（冤句令），名不见经传。要不是山涛，山曜恐怕在历史上连名字都留不下来。

第二，山涛家境贫寒。《晋书·山涛传》说，山涛“早孤，居贫”。这其实就是庶族的典型特征。如果他是士族出身，祖上世代为官，家族背景根深叶茂、资产雄厚的话，那么即使他父亲去世，也有其他同族大户的关照，经济上绝不至于如此窘迫。

所以，仅凭这两条，就可以判断，山涛出身庶族寒门。用今天的话说，山涛属于“草根阶层”，既无权，又无钱，在政治上属于不折不扣的“弱势群体”。可想而知，当时既无科举制度，又无高考制度，像山涛这样的寒门子弟，要想出人头地是很难的。正因如此，山涛后来的弃官不做才让人觉得不可思议。

大概在山涛3岁的时候，家族里发生了一件事：他的表姑张春华嫁给了同郡温县的司马懿。这门看似和山涛没有关系的亲事，却对他的一生产生了极其重大的影响。因为这门亲事，山涛和司马氏家族在同乡关系之外，又多了一层中表亲戚关系。这样一种盘根错节、拐弯抹角的裙带关系，为山涛以后的宦海沉浮埋下了伏笔。

不过，山涛虽然出身寒门，却有着非凡的才干。史书上说他“少有器量，介然不群”（《晋书·山涛传》）。所以，山涛年纪轻轻就在乡里赢得了美名，一般有名望的前辈也不敢轻视他。

这个名声很快就传到了司马懿耳朵里。有个记载说，山涛17岁的时

候，他同族的一个族人，到司马懿家去走亲戚。此人对司马懿说：“我们山家出了个人物，叫山涛，此人将来可以和司马师、司马昭两位公子一同纲纪天下啊！”纲纪天下，也就是治理天下。司马懿一听，开玩笑地对他说：“卿小族，那得此快人邪！”（《世说新语·政事篇》注引虞预《晋书》）。意思是，你们山家是个小家族，怎么会出现这么一个牛人呢！

这个记载可信吗？我以为并不可信。

首先，山涛17岁的时候，是魏文帝曹丕黄初二年（221）。当时司马懿还只是曹丕手下的心腹之一，羽翼尚未丰满，要说这时候司马氏便有篡权窃位之心，恐怕也太早了点。

其次，司马懿当时正当壮年，他的两个儿子司马师、司马昭分别是14岁和11岁，就算此时要“纲纪天下”，恐怕也轮不到他这两个儿子。

第三，即使司马懿当时已经有那个贼心，以他的狡猾和高超演技，他会让别人看出来吗？就算被别人看出来，他会允许一个穷亲戚那么毫无顾忌地揭穿吗？杀人灭口的事司马懿可是轻车熟路的。

所以，这个记载完全不合情理，显然是根据后来的历史发展添油加醋编造的，属于“事后诸葛亮”。在古代史料中，这种移花接木、倒果为因的情况俯拾皆是，不足为奇。

但是，这个记载也有两点信息是可靠的：第一，就是山涛在17岁时，便已经闻名乡里，成为山氏家族的后起之秀，并且已经被司马懿所知。第二，司马懿说“卿小族，那得此快人邪”这句话倒可能是真实的。从“小族”一语可以推知，山涛的家族在当时绝非士族豪门，而是庶族出身。这也印证了我们前面的那个判断。

问题是，既然山涛17岁便被他的表姑父司马懿所知，为什么要等到40岁才出来做官呢？这中间的二十三四年，山涛在干什么？对于这个问题，史书上说得很明白，山涛“性好《庄》《老》，每隐身自晦”。就是说，山涛喜欢老庄的自然无为之道，在隐居乡里，韬光养晦。我倒是以为，山涛

之所以隐居并非全由性情，还和他的出身和当时的政局有关。客观地说，出身于寒门的他，实在也没有太多的从政机会，隐居也是迫不得已。加上当时政局动荡，所谓隐居，不过是一种保身避祸之道而已。

如果从17岁被司马懿所知时算起，直到40岁时出来做官，山涛隐居的时间至少也有24年。对于这个信息，如果不多想倒也罢了，如果仔细想想，就会觉得大有深意。

我们知道，中国是个熟人社会，人情很重要，关系简直就是一大生产力。山涛放着司马懿这么一个重要的“裙带关系”不用，是不是有点不可思议？究竟是他表姑父司马懿不帮他，还是他自己不愿意攀龙附凤呢？我个人的理解，是后者，而这恰恰是能看出山涛人格的地方。如果是一般的名利之徒，有司马懿这样一棵大树，恐怕早就靠上去了。但是山涛没有。这从一个侧面说明，山涛并非趋炎附势之徒，他有自己的尊严和骨气。

愿许三公

那么，是不是山涛就想一辈子做个隐士，把功名富贵统统置之度外呢？也不是。我认为，山涛前半生的安贫乐道，隐居不仕，并不是他对做官、对仕途没有兴趣，而是因为时机不成熟。一句话，山涛在等待时机。

这么说有证据吗？当然有。《晋书·山涛传》载：

> 初，涛布衣家贫，谓妻韩氏曰：“忍饥寒，我后当作三公，但不知卿堪公夫人不耳！”

这个记载很有趣。说山涛在做官之前，一介布衣，家贫如洗。有一

次，估计是他的妻子韩氏觉得这穷日子实在太难熬了，对山涛发牢骚在先吧，所以山涛就半真半假地对老婆说："你暂且忍耐一下眼下的贫寒日子吧，你放心，我以后肯定能做上三公的高官，让你过上好日子。"然后话锋一转，开玩笑地说："只是不知道你是不是配做三公夫人哪？"三公，东汉以来是指太尉、司徒、司空，三个掌握军政大权的朝廷高官。

应该说，山涛这个愿许得够大的，就像今天一个平民百姓夸口说自己将来能当国务院副总理一样，有点大言不惭。由此我们可以看出两点：第一，山涛和老婆关系不错，经常开些无伤大雅的玩笑，甚至夸夸口、吹吹牛。男人在心爱的女人跟前，总是喜欢表现的。山涛这么口无遮拦，恰恰显示了他幽默可爱的一面。第二，山涛对自己的政治才干很有信心，相信时机一旦成熟，自己一定能够脱颖而出。山涛的信心里面有没有考虑到和司马氏的亲戚关系这一层呢？史书上没说，但我估计是有的。

后来山涛果然坐上了三公的高位，实现了对老婆的承诺。在竹林七贤中，山涛是官做得最大的一个，说明他当时夸下海口还是有底气的。

还有一个问题值得注意，就是山涛和当朝皇帝魏明帝曹叡是同龄人。曹叡驾崩的这一年，山涛也正好35岁，正当其时。也就是说，山涛35岁上是有一个做官的机会的。当时他的表姑父司马懿是钦定的顾命大臣，位高权重，山涛要是愿意，完全可以凭借和司马懿的关系出来做官。但是，为什么山涛要到5年之后，他40岁的时候才出山呢？除了山涛有骨气外，这里面还有没有其他隐情呢？

我以为是有的。中国古代的政治运作，不管说法治也好，德治也好，归根结底还是人治。一个人一旦踏上仕途，就等于处在一个无处不在的关系网中，牵一发而动全身。你为谁服务，对谁负责，受谁领导，替谁卖命，其中利害关系，必须心知肚明。我们前面说过，曹叡临终时，把国家大权交给了曹爽和司马懿，形成了一个"夹辅"的体制。当时皇帝曹芳年幼，只有8岁，少不更事，当然无法处理朝政。这样一来，就形成了一个权

力真空。一旦出现权力真空，就势必带来权力占位的问题。

这时，两个顾命大臣曹爽和司马懿，为了争权夺利，都要网络人才，为自己所用。所以，对于当时的士人来讲，就面临着一个非常严峻的政治选择问题，也就是“站队”的问题。而一旦站错了队，后果是很严重的，轻则丢乌纱帽，重则掉脑袋！

我想，山涛之所以迟迟不出来做官，一个重要的原因就是，他在曹爽和司马懿之间，实在难以选择。曹爽虽然资历尚浅，但他代表的是曹魏政权的正统，站在他那边意味着对曹魏的忠诚，这是有道德吸引力的选择；司马懿呢？既是朝廷元勋，又是中表亲戚，自己的表姑父，在天平上的分量也很重。

所以，山涛面临的是个两难选择。对待这个两难选择，他和竹林七贤的其他人差不多，那就是干脆不选择，保持中立，隐居乡里，不问政事。好在当时，隐居也有隐居的好处：隐居得越久，名气就越大；名气越大，被朝廷或官府征召的机会就越多。有些学者干脆认为山涛就是以隐求名，以名求仕，用现在的话说，是曲线升迁。这也不能说全无道理。

坐山观虎斗

既然时机不成熟，那么，山涛和其他的一些有志之士所能做的只有一件事，那就是——坐山观虎斗。

当时曹马之争的政治局势到底怎样呢？一句话，明争暗斗，各显神通，争先恐后，互不相让。

如果把权力比作一块完整的蛋糕的话，当时的皇帝曹芳还没有切蛋糕

的能力。作为顾命大臣，曹爽和司马懿理论上可以各切一半。但是，人心都是贪婪的，权力之争也是残酷的，只要参与切蛋糕，谁都想在应得的一份之外，再多切一点。谁切得多，谁就处于最有利的位置。所以，曹马之争在正始年间开始进入白热化。当时的政治空气可以说是压抑的，甚至是令人窒息的。

大体说来，曹爽和司马懿有过三个回合的较量。

第一个回合是：分权。

正始初年，曹爽和司马懿都掌握着行政大权和兵权，势均力敌，但名位上略有高下。曹爽被拜为大将军，司马懿则任太尉，曹爽略高一筹。曹爽论辈分、论资历都不如司马懿，起初他对司马懿非常恭敬，以父辈事之，有重大决策还都要请示一下司马懿，不敢独断专行。但是，曹爽是个既平庸又贪婪的家伙，没有多少能力，却又想分得更大的蛋糕，而且他耳根子软，听手下人献计献策，只要对自己多吃多占有利的，无不照单全收。

曹爽手下有一个亲信，叫丁谧（mì），他给曹爽出了个看起来很不错的主意。按照这个主意，曹爽上奏皇帝，说司马懿功高盖世，仅仅做个太尉，而自己无德无能，却位居朝臣之首，心里实在诚惶诚恐，不如请皇上下诏，尊司马懿为大司马、太傅。皇帝年幼无知，当然准奏，于是下诏拜司马懿为大司马。这个官职在大将军之上。但后来大家都说，前几任大司马都在任职期间去世，不吉利，不如尊司马懿为太傅。太傅这个官职，名义上是辅佐天子的师傅，可以说是位极人臣，但是至少在曹魏一朝，是个并没有多少实际权力的虚衔。曹爽这一步棋，下得很阴损，表面上是尊崇司马懿，实际上是削弱司马懿的实权。

以司马懿的老奸巨猾，他当然不会看不出曹爽的叵测居心。但人家表面上还是尊重你、抬举你，你总不能不识抬举吧？司马懿只好将计就计，半推半就，当了太傅，而太尉的职位就不得不让给别人了。

这是第一个回合的较量，曹爽架空了司马懿，渐渐占了上风。

第二个回合是：争功。

当然司马懿并没有放权的打算，但他也不打算与曹爽争锋，只好采取韬光养晦的策略。好在司马懿会打仗，一旦边境发生危机，他就立刻带兵出征。正始二年到正始五年这几年间，司马懿先后和东吴打了两仗。曹爽之所以没加阻拦，大概也是为了借刀杀人。没想到司马懿所向披靡，战无不胜，朝野上下，威名赫赫。曹爽和他的党羽看不过去了，既然你司马懿和东吴打，那我就和蜀国打，于是上奏皇帝西征伐蜀。当时曹芳已经十三四岁，有了些判断能力，就不同意。司马懿也劝曹爽不要草率行事。但曹爽听信手下人的怂恿，一意孤行，非要带兵伐蜀。结果兴师动众，劳民伤财，忙活了两个多月，落得个无功而返，大败而归。

偷鸡不成蚀把米。第二个回合的较量，以曹爽的失利告终。

第三个回合是：占位。

曹爽虽然军事上失利了，但总的来说，他在朝中的权力还是越来越大。几年之间，他在朝廷的各大要害部门都安插自己的兄弟和亲信党羽，而且是大张旗鼓，咄咄逼人。我们拿下棋来打个比方。曹爽一上来就先发制人，他一共摆了八颗棋子，其中三颗是他的兄弟——曹羲、曹训和曹彦，分别担任皇帝身边的禁军统领和侍从大臣。兄弟几个把小皇帝围在当中，名义上是护卫，实际上是软禁。曹爽还把一些和自己关系好的名士如何晏、邓飏、丁谧等人，都提拔做了尚书。这三个人名声都不好，被称为“台中三狗”。此外，曹爽还让一个叫毕轨的党羽做了司隶校尉。司隶校尉是个很有实权的官，主管中央直属地区的行政和治安，有权弹劾甚至逮捕京城周边地区的大小官吏。同时，曹爽又让另外一个心腹李胜担任河南尹。河南尹就是河南郡的太守，地位却高于其他太守，因为河南郡的治所

正好是京城洛阳。

曹爽布下这八颗棋子，几乎把一盘棋都下活了，对司马懿构成了合围之势。从此以后，负责处理朝中政务的尚书省有了什么事，这些党羽们就直接报呈曹爽处理，很少向司马懿汇报。这样一来，司马懿的这块蛋糕越来越小。至少从表面情势来看，曹爽在和司马懿的争夺中，渐渐占了绝对的优势。

可能就是在这时候，素有政治抱负的山涛认为，自己从政的时机成熟了。

初涉仕途

正始五年（244），山涛40岁，正当不惑之年，他终于出来做官了。

山涛的老家怀县正好是河内郡的治所，也就是郡政府所在地。凭借这个地缘优势，山涛近水楼台先得月，先后做了三个地方吏员。如果山涛要填“干部履历表”，第一栏上应该写作：“河内郡主簿”，相当于郡政府办公室秘书；第二栏是“河内郡功曹”，管理一郡的人事及干部任免，相当于当地的人事局局长；第三栏是“河内郡上计掾”，这个职务每到年底有资格进京汇报本郡的地方财政及干部政绩情况，大体相当于审计局局长兼驻京办主任。

这三个职位都不算高，大致相当于今天的正科级干部，却很有实权。大概山涛这些都干得不错，所以很快又被州郡举为孝廉。孝廉是汉代任用官员的一种科目。孝廉就是孝顺亲长、廉洁正直的意思。孝廉大概20万人口才产生一人，一般是由郡太守保举。一旦被举为孝廉，就仿佛有了一块

跳板或者敲门砖，仕途会更加顺风顺水。

果不其然，山涛被察举为孝廉之后，很快就被州府征召。进了京城洛阳为官，他的干部履历表上又有了新的内容：“部河南从事”。这个“部”就是司隶校尉部，“部河南从事”就是由司隶校尉部派到河南郡办公的官员，有点像特派员。这是一个很敏感的职位。他的直接领导是司隶校尉和河南尹，都是很有实权的朝廷要员。

应该说，山涛的仕途生涯是非常顺利的，完成从地方小吏到京城要员属官的“三级跳”，他只用了三年时间。但是，问题也就出在这里。山涛的这个官做得太敏感了。他现任的“部河南从事”一职和以前的地方吏员不一样，以前可以说是为国家、为朝廷效力，现在却是为曹爽集团效力。因为当时担任司隶校尉和河南尹的，也就是山涛的两个顶头上司，不是别人，正好是曹爽的两个党羽——毕轨和李胜。

所以，山涛一到京城做官，不管是不是出于自己的本意，反正他等于是站了一次队，表了一次态。他没有站在他的表姑父司马懿一边，却站在了曹爽集团这一边。而这个选择，差不多是致命的。司马懿是何等人物？老虎不发威，还真当它是病猫了？就像一场马拉松比赛，一时的领先代表不了最后的胜利。司马懿在几十年的政治斗争中早已练就出过人的耐力和抗打击能力。曹操那么豪强多诈，尚且被他迷惑住了，小小一个曹爽，何足挂齿？到底鹿死谁手，现在还很难说。

说到这儿，山涛夜半弃官的内幕就要真相大白了。山涛为什么急急忙忙地夜半辞官呢？因为他意识到自己所处的危险境地了。特别是，这年五月发生了一件事，更使山涛大受刺激。这一刺激不要紧，山涛一下子明白了自己对时局的判断出现了重大失误。以他对司马懿的了解，他预感到不久的将来，在曹马之间，一定会有一场你死我活的厮杀。

屁股都坐在火山口上了，他能不着急吗？

三十六计 走为上

让山涛大受刺激的到底是什么事呢？原来，正始八年（247）四月，就在山涛做了部河南从事不久，他的表姑、司马懿的原配夫人张春华死了。

有必要指出，张春华这个女子对魏晋的历史影响极大。作为司马懿的原配正妻，她和司马懿生有三子一女。其中，长子司马师（208—255）和次子司马昭（211—265），都是左右魏晋改朝换代的关键人物。张春华是哪一年嫁给司马懿的呢？根据司马师出生于建安十三年（208），可以推知，两人结婚大概在建安十二年（207）。而这一年，正好是司马懿为了躲避曹操征召，装病在家的第六个年头。司马懿婚后，继续装病。其间发生的一件事，足可看出张春华的为人。据《晋书·宣穆张皇后传》记载：

> 宣帝初辞魏武之命，托以风痹，尝暴书，遇暴雨，不觉自起收之。家惟有一婢见之，后乃恐事泄致祸，遂手杀之以灭口，而亲自执爨（cuàn）。帝由是重之。

说司马懿在装病期间，有一天天气很好，艳阳高照，司马懿就让家里人把家藏的书籍拿出去晒晒。没想到突降暴雨，司马懿一时冲动，忘了自己是个卧床不起的“病人”，竟然自己跑出去收书了。这事碰巧被家里一个烧饭的婢女撞见了。估计她看到司马懿如此敏捷矫健的身手一定瞠目结舌，大惊失色。张春华见此情景，一不做二不休，干脆把那个婢女杀掉，来了个杀人灭口。然后她自己亲自下厨，生火烧饭，做婢女的事。可见这个张春华心肠够狠，手段够辣，关键时刻还能快刀斩乱麻。这一年，张春华不过十八九岁。司马懿去除一忧，由此更加看重这位原配夫人。

尽管晚年的司马懿对原配夫人张春华颇有些“审美疲劳”，曾骂她“老物可憎”（《晋书·宣穆张皇后传》），但无论如何，张春华对于司马氏家族的作用还是举足轻重，非同小可。就连她的死，也让司马懿灵机一动，好好利用了一番。为什么这么说？因为这年五月，司马懿办完张春华的丧事之后，就立即向皇帝上书，说自己年老丧妻，痛不欲生，加上旧病复发，卧床不起，所以不能再参与朝政了。

其实，丧妻之痛不过是一个借口。司马懿称病不朝的真实原因，是他对曹爽一伙的专权独断、得寸进尺已经忍无可忍。

曹爽都干了哪些让司马懿忍无可忍的事呢？第一，把魏明帝曹叡的皇后、现在的太后郭太后从皇帝曹芳身边隔离出去，迁到太后本宫永宁宫。这样一来，小皇帝失去了太后的关照和支持，更加人单势孤。第二，改变皇宫禁军的编制，取消了司马师的中领军职务，宫廷的禁卫军全由曹爽的弟弟曹羲和曹训统领。这两件事充分暴露了曹爽的专横跋扈，这不仅对司马懿是一种挑衅，甚至对曹魏皇室，也是一种公然的蔑视。

在这样一种十分紧张的政治形势下，司马懿做了一个他自以为明智的选择。他以丧妻病重为由，宣布淡出政坛，不再过问朝政。其实，这是以退为进，以守为攻，欲擒故纵，目的就是麻痹敌人，使其放松警惕，然后积蓄力量，等待时机，后发制人。

司马懿称病不朝这件事引起了朝野的震动，很多人都以为司马懿已经大势已去，曹爽已经稳操胜券了。只有山涛从司马懿卧病不朝这件事中，嗅到了一种不祥的气息。

这就回到我们开头讲的那个山涛夜半弃官的故事了。

那天晚上，山涛和同僚石鉴同榻而眠。半夜里，山涛怎么也睡不着，左思右想，总觉得最近的政治形势十分诡异。曹爽一伙倒行逆施，司马懿称病不朝，其中必有隐情。要知道，司马懿年轻的时候就有过装病的“前科”，装病可是他的强项啊！想到这里，山涛一下子坐了起来，用脚踢了

踢睡在对面的石鉴，很神秘地对他说：“石兄啊，都什么时候了，你还在这儿睡大头觉？”

石鉴睡得正香，被他吵醒，很不耐烦。山涛压低声音说：“石兄啊，你知不知道，太傅如今称病卧床在家，到底有什么意图？”

石鉴没好气地说：“就算是宰相，如果三天不上朝，皇帝也会下诏让他卷铺盖回家，你老兄有什么可担心的呢！”说完倒头又睡。

山涛本想找个有头脑的人分析一下形势，想一个万全之策。没想到这个石鉴不仅“没头脑”，还有点“不高兴”。于是山涛急了，说：“石兄，咱们可不要在别人的马蹄之间讨生活啊！”说完，山涛就把自己官符印信什么的都拿出来，往床上一扔，来了个“三十六计走为上”。

后来的事实证明，山涛这一走，还真是走对了。因为在他辞官归隐之后，不到两年时间，曹马之争就发生了惊天大逆转。司马懿屠刀一举，几千人头落地！不过这都是后话了，暂且不表。

现在，我们可以总结一下山涛这个人了。我以为，山涛是个“四有人才”：有才华，有骨气，有抱负，有见识。

没有才华，他就不会少年成名，声闻乡里；

没有骨气，他就不会避开和司马懿的关系隐居二十多年；

没有抱负，他也不会踏上仕途，靠自己的努力从地方小吏做到京官；

没有见识，他也不会当机立断，远离曹马之争的是非之地，全身而退。

我们说，在人治社会，政治斗争的结果往往不是你方唱罢我登场，而是真刀真枪，你死我活。处在这样一个政治风暴即将来临的社会环境中，有志有识之士，往往没有真正的用武之地，最好的选择莫过于远离风暴的中心，保全生命，洁身自好。

《晋书·山涛传》说，山涛回去以后，“遂隐身不交世务”。不交世务，那他干嘛去了呢？他交朋友去了。

就是在这样一种山雨欲来风满楼的政治氛围中，竹林七贤们相遇了。

第四章　绝代双骄

契若金兰

正始八年（247）五月，竹林七贤的老大哥山涛最先受到曹马之争的冲击。他在司马懿称病不朝之后，预感到不久的将来，曹爽集团和司马懿集团一定有一场你死我活的厮杀。于是他就来个悬崖勒马，急流勇退，弃官回乡隐居去了。

在隐居期间，发生了一件很有意思的事。这个事可以说是竹林之游的第一场好戏。根据《世说新语・贤媛》的记载，山涛在隐居的时候，交了两个朋友。三个人非常要好，只见了一面，便契若金兰。

“契若金兰”是个形容友谊的成语。“金兰”一词，出自《易传・系辞》：“二人同心，其利断金；同心之言，其臭如兰。”意思是说，两人如果心意相同的话，就好比锋利的刀刃可以截断金属；而志同道合的言语，给人的感觉就像兰花那样气味芬芳。契若金兰，就是比喻朋友交情深厚，志同道合。

山涛和这两个朋友第一面便契若金兰，这样的友谊当然非同一般。但是问题也出在这里。山涛和那两个朋友太好了，好到让他的妻子韩氏都嫉妒，甚至吃醋了！有段时间，韩氏觉得山涛和那两个朋友“异于常交”，就是和平常交往的朋友大不相同。我估计山涛每次见了那两个朋友，回来都是神采奕奕、魂不守舍的样子，过不几天又要出去相会，好像魂儿都被勾走了一样。这还了得？山涛和韩氏关系本来是很好的，夫妻俩无话不谈。山涛这么藏着掖着、没事偷着乐的举动，让韩氏很纳闷，也很伤自尊。

于是韩氏就直接问山涛，你这些天像着魔了似的，所为何来啊？

山涛就说，我最近新交了两个朋友，那真是文才盖世、风华绝代的人

中龙凤啊！举目天下，现在能够和我交朋友的，也就是这两人了！

韩氏一听，半信半疑，好奇心也被吊起来了。她很想一睹山涛这两个朋友的风采，但又不好意思直说，就灵机一动，拐弯抹角地讲了一个历史上的故事。

什么故事呢？就是春秋时候晋国公子重耳流亡曹国的故事。

公元前636年，晋公子重耳流亡期间，带了两位忠心耿耿又很有才干的大臣，一个叫狐偃（yǎn），一个叫赵衰。他们流亡到曹国的时候，曹国的国君曹共公对重耳很不礼貌，而且做了一件很下流的事，就是偷看重耳洗澡。曹国有个大臣叫僖负羁，他劝曹共公对重耳好些，但不被采纳。僖负羁的妻子很贤能，她无意之中观察到重耳的两个随从大臣狐偃和赵衰，觉得他们举手投足，不同凡响，都是辅佐明君的大才，就对丈夫僖负羁说：晋公子重耳回到晋国，一定会在这两位大臣的辅佐下取得政权。现在曹公得罪他，将来他一定会讨伐曹国报仇，你私下里一定好好款待他们，以免将来遭受无妄之灾啊！于是僖负羁就暗中款待重耳一行，并送给重耳一块璧玉。重耳没接受璧玉，但这份情重耳心领了。后来重耳回到晋国，果然做了国君，也就是“春秋五霸”之一的晋文公。他想起在曹国受到的无礼对待，就兴兵讨伐曹国，俘虏了曹共公，但却对僖负羁善加保护，算是报答。

这个故事在《左传》和《国语》中都有记载。山涛当然知道，所以韩氏的讲述应该比我们复述的要简明扼要。

韩氏为什么要讲这个故事呢？因为她看中了这个故事中的一个细节，这个细节可以为她提出偷看山涛的这两个朋友提供理论支持。什么细节呢？就是僖负羁的妻子作为一个妇道人家，竟然能够看到晋国公子重耳的两个随从狐偃和赵衰！

我们知道，古代有所谓“男女大防”。《礼记》里面规定“男不入，女不出”，也就是男主外，女主内，男女之间泾渭分明。就是出门，也要

“男子由右，女子由左”。这种礼教是建立在对人性的特点和弱点的充分了解和完全不信任的基础上的，好像男女只要在一起就肯定会出问题。所以，在古代，一般场合下，女性是很难直接见男性的，即使是家里的客人也不允许见。要见，就只有一个办法——偷窥。

韩氏就对山涛说：既然人家僖负羁的老婆都有机会看到重耳的两个随从，那么，我也想看看你的那两位朋友，是不是可以呢？

老婆提出要看丈夫的朋友，这在今天不算什么，完全是合理化建议。可在当时，就是一个很非分的要求，是非礼的行为。

山涛有没有答应呢？当然答应了。老婆跟着你受穷倒也罢了，见见你朋友这样的要求还能不满足吗？当然得满足。怎么满足呢？两个字——请客！不能带老婆出去会朋友，那就把朋友请到家里总可以吧？

于是，过了不几天，山涛便向这两位朋友发出了邀请。这边韩氏也为偷窥活动做好了准备。她在家里客厅的土墙上凿了一个洞，透过这个洞，正好可以观察到客厅里客人的音容笑貌，一举一动。我们常说隔墙有耳，现在山涛家里不仅隔墙有耳，而且隔墙有目！

沉默是金

那么，山涛的这两个朋友到底是谁呢？

简单说，这两个人都是当时只能有一、不能有二的人物，堪称魏晋时代的“绝代双骄”。

年龄稍大的就是阮籍。阮籍比山涛小5岁，当时也就三十八九岁的样子。此时的阮籍，早已大名鼎鼎，我们可以用两个带“名”字的词来概括他：一是名门之后；一是名满天下。

先说名门之后。

陈留尉氏（今属河南）的阮氏家族虽然算不上是高门大族，但阮籍的出身却非同一般。他的父亲阮瑀（yǔ）是汉末著名的文学家，“建安七子”之一。不仅如此，阮瑀和曹操还有着比较亲近的关系。

第一层是同门关系。阮瑀年少时曾拜同乡大儒蔡邕（yōng）为师。蔡邕是汉末著名的大学问家、书法家、音乐家，是个众望所归的人物。阮瑀深得蔡邕欣赏，被后者称为“奇才”。蔡邕一语既出，阮瑀名扬天下。而曹操据说也是蔡邕的学生，和蔡邕关系很好。蔡邕的女儿蔡琰（yǎn）曾远嫁匈奴，受尽磨难。曹操统一北方后，千方百计把蔡琰从匈奴赎了回来，并为她安排了婚事。曹操比阮瑀大了整整十岁，要认真论起辈分来，曹操应该算是阮瑀的学长或师兄。

第二层是僚属关系。我们知道，“建安七子”中除了孔融，其他六子（王粲、刘桢、陈琳、应玚、徐幹、阮瑀）都曾是曹操的僚属。据说曹操征召阮瑀也是大费周折。因为阮瑀深受道家思想影响，素有隐居之志。一开始他不愿意出来做官，但是曹操一再催逼，阮瑀没办法，只好逃入深山。大概曹操太爱阮瑀之才，不达目的誓不罢休，就派人放火烧山，愣是把阮瑀给烧出来了！这真是“秀才遇见兵，有理说不清”。万般无奈，阮瑀只好答应为曹操效力，担任司空军谋祭酒，相当于主管军事的参谋长，还掌管记室，就是机要秘书，负责撰写军事文书。

阮瑀的文才很高，特别善于撰写章表书记，为当时一绝。有一次，曹操命阮瑀写一封信给西凉军阀韩遂，当时曹操正好要出门，阮瑀骑马随从。因为条件有限，阮瑀就在马上挥笔写就，写完之后交给曹操。曹操心想这是急就章，肯定有不如人意的地方，就拿起笔来准备修改。但是看来看去，竟然无法改动一个字！可见阮瑀的文才之高。

建安十七年（212），阮瑀不幸病逝，当时阮籍只有3岁。曹丕和阮瑀交情深厚，他非常同情阮瑀身后的孤儿寡母，特意写了一篇《寡妇赋》表

示关切之情。这说明，阮瑀、阮籍父子和曹操、曹丕父子有着很深的渊源和很亲近的关系。这种关系直接影响着阮籍的一生。

总之，和山涛相比，无论出身还是政治地位，阮籍都要优越得多。所以阮籍年轻的时候，很有一些贵族公子哥的习气，喜欢击剑，喜欢打猎，喜欢音乐，喜欢游山玩水，并且有建功立业的济世之志。但是，阮籍很快就发现自己生不逢时，随着曹马之争愈演愈烈，他对现实政治十分失望，对仕途也失去兴趣，转而去追求老庄的自然无为之道了。

再说名满天下。

阮籍年纪轻轻便享有重名。他的“名”表现在三个方面：

第一是才名。俗话说，有其父必有其子。文学天才有时候也是可以遗传的。父亲阮瑀是著名文学家，阮籍本人更是历史上少有的“文曲星”。阮籍能诗能文，是中国文学史上杰出的诗人和文学家，他的82首五言咏怀组诗不仅开创了一种诗歌题材，而且写得很有哲学深度，是中国诗歌史上少有的杰作。阮瑀精通音律，这种音乐天赋也遗传给了阮籍。阮籍能弹琴，善长啸，是三国时著名的音乐家。阮籍同时还是当时著名的思想家，对老庄哲学有着很深的研究。

第二是痴名。痴，也可以理解为怪、狂、傲。这是阮籍性格上最为显著的特征。用现在的话说，阮籍很另类，很酷。《晋书·阮籍传》载：“籍容貌瑰杰，志气宏放，傲然独得，任性不羁，而喜怒不形于色。”说阮籍容貌瑰整秀杰，志向宏大，气魄豪放。他的性格桀骜不驯，一切都由着性子来，不愿受世俗的束缚和羁绊。喜怒不形于色，就是深藏不露，无论喜悦还是愤怒，脸上一概看不出来。阮籍平常的生活很随性，要么把自己关在家里做“宅男”，什么都不干，一天到晚就是看书，一看就是好几个月；要么就是出去做“驴友”，游山玩水，一连几天不回家。兴之所至，常常忘记了形骸躯体的存在，真是不折不扣的得意忘形。

由于这些原因，阮籍给人留下一个“痴”的印象。而痴气，并不是呆

气、傻气，而是一种不同流俗的狂狷之气、不平之气，是大巧若拙、大智若愚。有个故事说，阮籍17岁的时候，有一次随他的叔父到东郡。东郡的治所在今天河南的濮阳，离阮籍的老家陈留郡不远，而陈留郡和东郡都是兖州刺史部的辖区。当时的兖州刺史名叫王昶（chǎng），是个很有权势名气的人物，曾做过曹丕的幕僚，可能和阮籍的父亲阮瑀有旧。他听说阮籍有才，便请他来相见。可是没想到，阮籍见到王昶，来个徐庶进曹营——一言不发，一整天都不说一句话。王昶被他弄得没脾气，认为这个少年深不可测。

阮籍装聋作哑，并不是他有自闭症，也不是他笨嘴拙舌，而是他言行谨慎，对官场中人严重不信任。我们前面说山涛善于审时度势，有先见之明，其实在这方面，阮籍比山涛有过之而无不及。他见了王昶一言不发，可能就是感觉王昶这个人不值得信任，所以就来个三缄其口，沉默是金。后来王昶果然投靠了司马氏集团，成为司马氏的心腹之臣。

除了才名、痴名，第三个就是“隐名”。俗话说：“高处不胜寒。”因为阮籍和曹氏家族的关系很亲近，所以在当时的曹马之争中，阮籍也成为被拉拢、被监视的对象。阮籍做官的机会很多，但他始终抱着避之唯恐不及的态度对待仕途。在这一点上，阮籍比山涛看得更深刻、更透彻，也更超脱。

正始三年（242），新任太尉蒋济听说阮籍很有才能，就想征召他做自己的属官。当时正是曹马之争局势尚不明朗、政治环境相对还比较稳定的时候。按说，蒋济是曹魏的元老、忠臣，阮籍做他的属官并无太大的政治风险和道德压力。但阮籍还是谢绝了。不过，出于对蒋济这位朝廷高官的尊重和礼貌，阮籍在接到委任状之后，特意赶到洛阳城外的都亭（也就是官府设的宾馆），还在那里写了一封奏记，一方面非常客气地感谢蒋济的知遇之恩，一方面又说自己无德无能，体弱多病，不堪做官，并委婉地表达自己躬耕田亩、隐居乡里的志向。

这篇奏记，语气很谦卑，措辞很委婉，双方都有面子。蒋济本来还担心阮籍这样的名士架子大，不肯来，读了这封奏记之后，大喜。蒋济以为，阮籍不过是和一般文人一样，接到邀请总要酸文假醋地推辞一番，目的是让你三请四请，直到他觉得有面子了，才肯顺水推舟。于是蒋济就派人到都亭去迎接阮籍。没想到，迎接的使者一到驿馆，发现阮籍说到做到，早已溜之大吉了。

蒋济大怒，就迁怒于向他推荐阮籍的下属王默。王默赶忙给阮籍写信，要他无论如何给个面子。与此同时，阮籍的亲属乡党也来劝说。阮籍姓阮，心也很“软”，于是就不再推脱，勉强到太尉府中就职了。但是没多久，他就以生病为借口，辞官归乡了。

这是阮籍第一次做官、辞官。这次经历为阮籍提供了一种很好的立身处世的“保险模式”，那就是人家招你做官，那是给你“面子”，你不能直接拒绝，可以先去做几天，把“面子”还给别人，然后再找个借口辞官，依旧保留自己的“里子”。这样“面子”“里子”都照顾到了，岂不两全其美？

不久以后，阮籍又被召到朝廷的尚书台里做尚书郎，他也恭敬不如从命，去了。但和上次一样，他又开溜了。理由还是自己有病。

其实，阮籍当时不过三十出头，哪有什么病呢？他只是不愿做官，不愿追逐名利和权位而已。在阮籍看来，名利权位都是腐蚀人心的身外之物，陷入其中反而会损害生命的自然和纯粹。和山涛相比，阮籍对仕途早已不抱任何幻想，他的辞官完全是主动的选择，而不是迫不得已。这是阮籍和山涛不同的地方。

第三次，是在山涛辞官之后不久。大权独揽的曹爽亲自向阮籍发出邀请，请阮籍做大将军府的参军，也就是军事参谋。当时曹爽的势力很大，司马懿已经称病不朝，这样一个肥缺阮籍接受没有呢？没有。他又像拒绝蒋济那样写了一封辞谢信，理由也还是有病。这次曹爽没有难为他，阮

籍辞官成功。一年多后，曹爽一伙全被司马懿剿灭，当时的人都很佩服阮籍，认为他有远见卓识。

三次征召，两次赴任，三次辞官，不乐仕宦，不慕名利，反而把阮籍的名声弄得越来越大，口碑越来越好了。所以阮籍在当时的官场、学坛、文化界、名士圈里，简直是一位偶像级的人物。不仅在野的文人佩服他，就是当朝的高官政要也对他心悦诚服。

山涛究竟是如何与阮籍订交的，我们不是很清楚，总之他们是一见如故，契若金兰。

这就是山涛请的第一位客人——阮籍。

当时阮籍刚好辞官隐居，接到山涛的邀请，当然欣然前往。他哪里知道，山涛摆的虽不是一场鸿门宴，却是一场别开生面的“偷窥宴”呢？

一代天骄

那么，山涛请的另一位朋友又是谁呢？

不是别人，正是竹林七贤的另一位灵魂人物，风华绝代的嵇康。

说到嵇康，有三点值得提醒读者注意：

第一，就是他的身世。嵇康的身世可以说是一个谜。综合各种历史文献的记载，我们可以知道的信息如下：

嵇康的祖先本来姓奚，祖籍会稽，也就是今天浙江绍兴。相传其祖上为了避怨，从会稽迁到了谯国的铚县（今安徽濉溪，一说安徽宿县）。不仅背井离乡，而且还改名换姓了，改奚姓为嵇。为什么要改姓为“嵇”呢？有两种说法：一说是为了纪念祖籍会稽，所以就取了“稽”字的大部分，只右下角以“山”字替代。第二种说法是，因为铚县附近有座山，叫

嵇山，嵇氏家族就住在嵇山脚下，所以因山为姓，改姓为嵇。

由此可见，嵇康家族并非名门望族，而是一个颠沛流离的流亡的小姓。

第二，就是嵇康家族与曹氏家族的关系。

确切说，嵇康家族与曹家的关系是从嵇康的父亲开始的。嵇康的父亲名叫嵇昭，在曹操当权的时候，曾经做过“督军粮治书侍御史”，是监察军粮的一个执法官，属于曹魏集团的亲信。为什么嵇康的父亲会得到曹操的任用呢？很简单，因为他们是同乡。曹操是沛国谯（今安徽亳州）人，和嵇氏为同郡。根据《三国志·武帝纪》记载，汉献帝初平元年（190），曹操曾回到老家招募士兵，“至铚、建平，复收兵得千余人，进屯河内”。我推测，嵇康的父亲嵇昭，可能就是在这次征兵中被招募至曹操军队的。一般都认为，嵇康到河内郡的山阳定居可能是他20岁以后的事。但是根据这条记载，也不能排除嵇康的父亲很早就随军到了河内郡，然后在河内生下嵇康的可能。

所以，嵇康的家族与曹家的关系是很亲密的。一是同乡关系，二是属僚关系，在政治上属于一个阵营。不仅如此，还有一个更重要的关系，在嵇康20多岁的时候确立起来了。这个关系对于嵇康的一生，产生了重要到近乎致命的影响。

什么关系呢？那就是婚姻关系。简单说，嵇康是曹家的女婿。一种说法认为，嵇康娶了曹操的儿子、沛王曹林的女儿长乐亭主，这样嵇康就是曹操的孙女婿。还有一种说法认为，嵇康的妻子是曹林的孙女，这样嵇康就成了曹操的曾孙女婿。不过，按照年龄来看，嵇康娶了曹操孙女的可能性似乎比较大。但不管怎样，嵇康是曹家的女婿，这一点是毫无疑问的。

因为是曹家的女婿，亭主的驸马，所以，当山涛和阮籍选择隐居的时候，嵇康却顺理成章地踏上了仕途。关于嵇康的官职有两条记载。《晋书·嵇康传》说：“与魏宗室婚，拜中散大夫。”中散大夫是汉朝时设立

的一个散官。“中”说明属于皇宫内臣，侍奉皇帝左右。“散”是闲散之官的意思，有官名，有俸禄，一般是六百石，但没有固定员额，也没有固定职务和实权，往往是一个有名无实的闲职。

还有一种说法：“康以魏长乐亭主婿，迁郎中，拜中散大夫。”（《世说新语》注引《文章叙录》）认为嵇康任中散大夫之前，先有一个官职，叫作“郎中”。“郎中”是对帝王侍从官的通称，品级为八品，其职责原为护卫、随从，随时建议，备帝王垂问及差遣。嵇康出生于黄初四年（223），他和亭主结婚是在正始中后期，当时的年龄大概是二十四五岁。嵇康婚后先迁郎中，俸禄是三百石，后来又加官，拜中散大夫，俸禄六百石。这说明因为婚姻的关系，嵇康是受到曹魏皇室的信任和重用的。

嵇康这样的一种出身和婚姻背景，在魏晋之际日益激烈的曹马之争中，真是分外敏感，可以说到处都是陷阱。人们常说，性格决定命运，可是对于嵇康来说，出身和婚姻也几乎决定了他的大部分命运。因为嵇康和长乐亭主喜结良缘的时候，也正是曹马之争渐趋白热化，很快便要图穷匕见的时候。

第三个值得注意的，就是嵇康天赋的风度和才华。

众所周知，嵇康是魏晋最著名的帅哥，是最具阳刚之气的美男。他的容貌和风度，堪为当世之标。几乎所有关于嵇康的史料，都要提到他的外貌和风度。如《世说新语·容止》篇说：

> 嵇康身长七尺八寸，风姿特秀。

七尺八寸，略相当于今天的一米八八，非常高大伟岸。“风姿特秀”四字，更是让人想见其人。所以，嵇康常被人比作高大挺拔的松树。再看山涛对嵇康风度的赞美：

> 嵇叔夜之为人也，岩岩若孤松之独立；其醉也，傀俄若玉山之将崩。

山涛说：嵇康这个人啊，看上去高大伟岸，就像一棵挺拔的青松一样傲然独立；就连他醉倒的时候，也是风光无限，好比一座巍峨的玉山将要崩塌一样！“玉山倾倒”的典故便由此而来。

一般人长得漂亮，往往喜欢修饰打扮，但嵇康刚好相反。《嵇康别传》说他：

> 土木形骸，不加饰厉，而龙章凤姿，天质自然。正尔在群形之中，便自知非常之器。

“土木形骸”，就是视形骸为土木，不加修饰的意思。这和当时另外一些美男注重仪表有着本质不同。而且，不修边幅的嵇康却自有一种龙章凤姿，在众人之中显得出类拔萃，卓尔不群。

嵇康笃信道教，喜欢服食养生。《晋书·嵇康传》记载，嵇康经常在深山中采集草药，有时候竟然流连忘返。山间砍柴的樵夫远远地看到他，都惊为天人，以为自己碰到了神仙。

嵇康不仅风神潇洒，玉树临风，而且心灵手巧，多才多艺。嵇康是三国时和阮籍齐名的诗人、文学家。他的四言诗写得非常优美，是曹操之后的又一位四言诗大家。他还是当时著名的玄学家，所写的文论逻辑严密，辩才无碍，气势磅礴，有着极强的说服力。

嵇康还是一位超一流的音乐家。他的古琴演奏水平在当时首屈一指。他创作的《长清》《短清》《长侧》《短侧》四首古琴曲，被称为“嵇氏四弄”，与蔡邕创作的“蔡氏五弄”齐名。嵇康还钻研音乐的内在规律，所撰音乐论文《声无哀乐论》在中国音乐史上有着举足轻重的地位。

嵇康还擅长书画。后人评价他的草书：“精光照人，气格凌云，力举巨石，芳逾众芬。”（窦臮《述书赋》）“如抱琴半醉，咏物缓行；又若独鹤归林，群鸟乍散。”（《唐人书评》）被誉为草书妙品。唐张彦远《书法会要》评嵇康为草书第二，而王羲之则屈居第八。嵇康的绘画造诣也很高。张彦远《历代名画记》称，嵇康的《巢由洗耳图》《狮子击象图》等作品，唐代还有流传。

可以说，嵇康是中国古代少有的全能型文化人。这样的人可能几百年才能出一个。

嵇康比山涛小18岁，比阮籍小13岁，这三个人物的相知相交，成就了中国历史上一段山高水长的友谊佳话。

隔墙有目

现在，这两位客人都如约而至，山涛的陋室顿时蓬荜生辉。

有朋自远方来，不亦乐乎？那么，接下来会发生什么呢？《世说新语・贤媛》记载：

> 他日，二人来，妻劝公止之宿，具酒肉。

说这一天，嵇康、阮籍应邀来访。山涛的妻子韩氏劝山涛留这两位朋友过夜，准备好酒肉，要好生款待。为什么要让客人留宿呢？因为白天待客，韩氏不便出来相见，隔墙偷窥又目标太大，只有在夜幕之下，韩氏的计划才有可能实施。接下来又写道：

夜穿墉以视之，达旦忘反。

这两句话太有杀伤力了！

首先，韩氏的偷窥活动很不一般，可以说成本很高。她不是像其他古代妇女那样“窥帘”——透过门帘、窗帘偷窥，也不是舔破窗户纸偷看，而是把家里的土墙凿了个洞。这个洞我估计是事先就凿好的，否则夜里这么干肯定会惊动被偷窥的客人。

其次，这次偷窥也不是看一眼两眼就完事，而是通宵达旦！也就是说，韩氏看了一整夜，还没有看够，直到天亮了，还在看！

第三，“忘反”二字（“反”同“返”）也是有潜台词的。说明当时韩氏偷窥的地方不在室内，而在户外，很可能是站在客厅和内室之间的院子里。那天有没有蚊子？下没下露水？我们不知道。我们只知道，站在户外，透过土墙上一个小孔去看室内，就像射手瞄准目标一样，要睁一只眼闭一只眼。那是很累人的活儿，更何况还要通宵达旦！这么艰苦的事情，对于一个女子来说，真是谈何容易！

从这个故事我们可以得到什么呢？

第一，嵇康、阮籍果然名不虚传。他们气质优雅，风度超群，犹如清风朗月，实在太吸引眼球了。

第二，他们三人所谈，话题之高雅，见解之深刻，智慧之超拔，犹如磁石一般，实在太吸引人了。

第三，这个韩氏居然在那么艰苦的条件下，看得入目入彀，听得入耳入心，说明她的确不是一般女流之辈，而是一个有才有识的标准的“贤媛”！

总之，这个偷窥故事带给我们的想象空间太大了。

第二天，嵇康、阮籍走后，山涛进内室，问老婆：“这二人怎么样啊？”

韩氏想也没想，就脱口而出：“您的才华比他们差远了！”说完又觉得不妥，连忙补上一句：“不过您在见识度量方面可以和他们交朋友而毫无愧色。”

此言一出，山涛也很受用。首先，妻子看出了嵇康、阮籍二人的盖世才华，自己才华不如他们那是事实。其次，妻子看出了自己的特长，就是善于审时度势，有远见卓识。这是个双赢的评价。于是山涛笑着说：“他们也认为，我在见识度量方面要略胜一筹。”话语之间，不无自得之意。

这就是“契若金兰”的故事。这个故事对于竹林七贤意义重大，它标志着竹林七贤的三大巨头相遇了。而令后人心驰神往的竹林之游，就是在这样一种轻松欢快的气氛中拉开了帷幕。

这一次是山涛请客。下一次，谁是东道主呢？

第五章　竹林盛宴

来的都是客

在今天河南省焦作市修武县境内，有一处风景绝佳之地。这里山清水秀，林木苍翠，曲径通幽，景色如画，真如仙境一般。2004年，这里成为联合国教科文组织首批通过的28个“世界地质公园”之一。从此，爱好旅游的人都知道了她的名字——云台山。

今天从全国各地到云台山旅游的游客，也许并不知道，他们的足迹很可能会和一批曾经风流一时的古代文人的足迹重叠在一起。这些风流文人，就是我们的主人公——竹林七贤。

1700多年前，云台山一带属于河内郡的山阳县，竹林七贤的领袖嵇康就隐居于此。因为嵇康有着超凡脱俗的仪表，盖世无双的才艺，年纪轻轻就享誉天下，所以，他在山阳的寓所，便吸引了当时不少名流才俊慕名前来。大家在这里游山玩水，谈玄论道，弹琴赋诗，饮酒长啸，结成了一个文人交游聚会的小圈子，有点像是一个松散的俱乐部或者沙龙。这些文人的交游活动，在历史上被称作“竹林之游”。

尽管对“竹林之游”产生的确切的时间、地点和人数等等问题，至今在学术界还存在争议，但有一点可以肯定，竹林七贤都是真实的历史人物，他们之间的确有过比较密切的交往，并且形成了一种独立、自由、放达、脱俗的竹林精神。

我们前面说过，嵇康、阮籍、山涛是竹林之游的核心人物，他们第一次见面，便契若金兰，结成莫逆之交。他们的订交，拉开了竹林之游的序幕。从此以后，嵇康隐居的山阳，就成了竹林名士们聚会的风水宝地。嵇

康，也就成了竹林之游的东道主和召集人。

那么，嵇康为什么选择山阳这个地方隐居呢？

首先，当然是因为山阳一带山清水秀，景色清幽，最适合隐居。

其次，山阳这个地方，除了风景幽美，还是一位大人物的封地。哪个大人物呢？就是汉朝最后一位皇帝汉献帝。我们知道，公元220年，曹操死后，其子曹丕继任魏王。同年十月，汉献帝刘协逊位，将皇位禅让给了曹丕。曹丕称帝后，定都洛阳，封汉献帝为山阳公，并把他移居到山阳城。作为安抚，曹丕给了献帝一系列最惠待遇："邑一万户，位在诸侯王上，奏事不称臣，受诏不拜，以天子车服郊祀天地，宗庙、祖、腊，皆如汉制，都山阳之浊鹿城。"（《后汉书·孝献帝纪》）这很像是最早的"一国两制"。但有一条紧箍咒——就是你刘协终身不能离开山阳。所以，山阳这个地方，就相当于一个"政治特区"，差不多是一个"国中之国"，是一块汉代皇室的"自留地"。在这个地方居住的老百姓，虽然也是曹魏的臣民，但又享受着"天高皇帝远"的相对自由。选择在山阳隐居，政治上不太被当朝忌惮留意。

第三，嵇康本来是曹魏的女婿，又有一个中散大夫的头衔，平时也不用朝九晚五地坐班，还有一份俸禄，隐居在这里是一种非常低调的姿态，在政治上不会引起太多的非议。

嵇康很早就酷爱老庄之学，还是一位虔诚的道教徒，相信服食养生之道，对世俗的功名利禄早已失去兴趣。所以，和山涛的以隐求仕不一样，他在当时曹马之争日趋白热化的非常时期，是死心塌地要做一名隐士的。

俗话说，物以类聚，人以群分。如果把竹林之游比作一场人生的盛宴，这场盛宴的三位核心人物，嵇康、阮籍和山涛，我们已经认识了。那么，盛宴的另外四位客人是谁呢？

酒仙刘伶

我们先来看看《世说新语·任诞》篇的第一条：

> 陈留阮籍、谯国嵇康、河内山涛三人年皆相比，康年少亚之。预此契者，沛国刘伶、陈留阮咸、河内向秀、琅邪王戎。七人常集于竹林之下，肆意酣畅，故世谓竹林七贤。

这个记载可以说是竹林七贤的“总纲”，主要告诉我们三点：

第一，竹林七贤中，阮籍、嵇康、山涛是核心，另外四个人刘伶、阮咸、向秀、王戎是后来加入的。

第二，他们活动的地点是在“竹林之下”，这是他们命名的标志。

第三，他们在一起，最喜欢干的事就是“肆意酣畅”，也就是纵情饮酒。

根据这个名单，后来加入竹林之游的诸贤之中，排在第一的是刘伶。这是不是符合事实呢？不一定。因为最早记录竹林七贤的不是《世说新语》，而是东晋名士孙盛所写的《魏氏春秋》。在这部文献中，七贤的排行是这样的：

> （嵇）康寓居河内之山阳县，与之游者，未尝见其喜愠之色。与陈留阮籍、河内山涛、河南（内）向秀、籍兄子咸、琅玡王戎、沛人刘伶相与友善，游于竹林，号为七贤。（《三国志·王粲传》注引）

在这条记载中，嵇康成了核心中的核心，其次是阮籍、山涛，再次是向秀、阮咸、王戎，最后一个才是刘伶。

为什么在后来成书的《世说新语》中，刘伶的位置从最后一位升到了第四位呢？

我认为，这是在竹林七贤故事传播过程中形成的。最初关于竹林七贤的记载，只说他们“相与友善，游于竹林”，并没有提到饮酒，后来饮酒才渐渐成为竹林七贤的一个独特标志。而刘伶最爱喝酒，最能体现竹林名士肆意酣畅的特点，于是，他在七贤排行榜上的位置就提升了。

那么，是谁把刘伶介绍到竹林之游中的呢？我以为很可能是阮籍。因为在所有关于竹林七贤的记载中，阮籍和刘伶同时出现的机会最多，两个人都爱喝酒，绝对是“酒逢知己千杯少”。把这样一位朋友介绍入伙，不仅直接提升了竹林沙龙的酒精浓度，还给竹林之游注入了一种充满智慧、热力和豪情的“酒神精神”。

刘伶这个人真是非常可爱，他是中国历史上最著名的酒徒，可以说是中国酒文化的形象代言人。刘伶喝酒喝得骇人听闻，有几个故事脍炙人口。

最著名的就是“刘伶病酒”。故事说，刘伶嗜酒如命，喝酒常常不加节制。有一次他喝醉了，口干舌燥，焦渴难耐。一般人喝醉了口渴，总要喝茶解渴吧？可是刘伶不一样，他偏要向老婆讨酒喝。老婆一看他这副德行，气都不打一处来，就把酒一股脑儿都倒掉，把酒壶酒杯全都摔碎——看你怎么喝！摔完东西，又好言相劝说：“您喝酒喝得太过分了，这恐怕不是养生之道啊，一定要把酒戒掉！”

刘伶一看，今天撞上“河东狮吼”了，就说：“很好！我答应你。但我这个人管不住自己，只有当着祖宗的牌位赌咒发誓才能戒掉。你赶快去准备祭祀鬼神的酒肉吧！”老婆看他很有诚意，就信以为真，很快就准备了丰盛的酒肉，放在了神龛前的供桌上，然后请刘伶对着祖宗的牌位

起誓。好一个刘伶！只见他醉醺醺地跪在祖宗的牌位前，念念有词地说：“天生刘伶，以酒为名。一饮一斛，五斗解酲。妇人之言，慎不可听！”说完，又扑到酒肉之上，大吃大喝起来，直到烂醉如泥，瘫倒在地！

刘伶自称“以酒为名”，果不其然。

刘伶喝酒还有个毛病，就是喝到兴头上，不管三七二十一，就把衣服脱掉，在家里赤身露体，用现在的话说就是“裸奔”。有一次，正好有客人来访，被人抓了个“现行”。这是个很尴尬的场景。客人很不好意思，就责备他有伤风化。没想到，刘伶竟然振振有词地说：“我把天地当作房屋，把房屋当作衣裤，我倒要问问，你怎么跑到我的裤子里来了？”

多么出人意料！又是多么令人绝倒！

要知道，刘伶身高不足六尺，相貌丑陋，而且不修边幅，土木形骸，是个标准的小男人。但是你看，他竟然把天地当作房屋，房屋当作衣裤，这小男人简直变成巨无霸了！

这说明，刘伶那矮小的躯体之中，活跃着一个伟大的灵魂。或者说，他的形体虽小，精神自我却无比高大，大到整个天地都容纳不下！

刘伶还写过一篇《酒德颂》，专门歌颂酒的妙处。其中塑造了一个“大人先生”，非常生动地表达了刘伶的世界观和人生观。这个大人先生是个很神奇的形象，可以说是半人半神。他的时空观与众不同，无限广大。他可以把天地当作一处宫室，把一万年当作片刻；他以太阳为门，以月亮为窗，把天地八方作为庭院中的通道；他出外行走没有一定轨迹，居住也没有像样的房屋。“幕天席地，纵意所如。”他把天当作帐幕，把地当作席子，从心所欲，随遇而安。整个一“赤条条来去无牵挂”！

这个大人先生还有一个特点，就是嗜酒如命，无论走到哪里，都随身携带着饮酒的器具，酒壶酒杯，一应俱全。他把喝酒当作唯一的正事，不知道除了酒，这世界上还有什么是值得追求的东西。要我说，这个大人先生，分明就是刘伶的自画像！

刘伶还经常坐着一辆鹿车，“携一壶酒，使人荷锸随之”，并且说：“死便掘地以埋。”（袁宏《名士传》）——如果我死了，你就随便挖个坑，把我埋掉拉倒！这说明刘伶把生和死都看得很淡，已经达到了庄子“齐生死”的境界，什么名利啊，家产啊，礼法啊，早已置之度外！

所以，竹林七贤中，如果说谁的故事最好玩，最有娱乐性，那我一定选刘伶。刘伶与酒的故事，看似荒诞滑稽，其实大有深意在焉。在刘伶看来，功名利禄都是虚幻的，不如眼前的一杯酒来得自然，来得实在，来得纯粹。刘伶用酒神一样的狂欢精神，嘲弄了人类不懈追求的所有身外之物！

乐神阮咸

竹林七贤中，除了刘伶，还有一位以饮酒著称的名士，就是阮籍的侄子阮咸。阮咸是怎么加入竹林之游的呢？不用说，肯定是开了阮籍的“后门”。《世说新语》里有个故事说，阮籍的儿子阮浑长大后，风气韵度都和阮籍很相像。他听说父亲阮籍和朋友们在山阳的竹林之游很快活，十分羡慕，就向阮籍申请“入伙”。但是阮籍没有答应，理由是：“你阮咸哥哥已经参与了，你就不要再这样了。”

阮籍这话说明三点：第一，竹林之游门槛不低，一般人没有合适的引荐，很难为竹林的名士所接受。第二，阮籍认为，他们在一起肆意酣畅的放达行为，也是不得已而为之，并非老少皆宜，更是“少儿不宜”。第三，竹林之游的精神是独立自由的，不是为了玩酷，也不是作秀，盲目地邯郸学步或者东施效颦，只能离这种精神越来越远。

那么，同样是晚辈，阮咸凭什么就能够加入竹林之游呢？

这是因为阮咸天性通脱放达，行事不拘小节，非常符合超然物外、自由洒脱、我行我素的竹林精神。一句话，阮咸知道自己在做什么，能够对自己的行为负责。用现在的话说，他是一个“有行为责任能力”的人。

阮咸也是个有故事的人。一个人活了一辈子，能有一些故事被人津津乐道，就算没有白活。阮咸有两个故事是很著名的。

一个叫作“未能免俗”。故事说，在陈留尉氏城里，有一条东西走向的大街，阮氏家族就分别住在街道的南北两侧。不知从什么时候起，阮氏家族出现了贫富两极分化，而且分化得很奇怪——北阮皆富，南阮皆贫。很不幸的是，阮籍和阮咸这一支就属于南阮，穷得叮当响。

有一年盛夏，七月七日这一天，按照古代的风俗，是要晒衣物的。因为这天一般都是艳阳高照，把家里的东西拿出来晒一晒是为了防止发霉。既然晒家里的东西，左邻右舍、街坊邻居便常有攀比之心，要把家里最值钱的东西拿出来晾晒，炫耀一下自己的富有。北阮不是富有吗？当然不会放过这个炫富的好机会，于是就把家里的绫罗绸缎都拿出来，把院子里、房顶上、窗户边，挂得到处都是，唯恐别人看不见。

阮咸如法炮制，在院子里也架起了竹竿，但他在竹竿上悬挂的是一种最见不得人的东西——“大布犊鼻裈（kūn）”。何谓犊鼻裈？说白了，就是穷人穿的大裤衩。阮咸家贫，买不起好面料，那就穿布做的大裤衩。不仅是布做的，而且大得出奇。想想看，人家那边是绫罗绸缎，姹紫嫣红，阮咸这边则挂了一竹竿的大裤衩。对比多么强烈！好歹阮咸家也是有身份的，有人就指责他不太像话。阮咸则说：“未能免俗，聊复尔耳！”——我这个人也不能免俗，闲着也是闲着，姑且这么挂挂吧！

阮咸的话看似轻描淡写，其实包含着对北阮的辛辣讽刺。

在人类社会中，对财富的追求常常会使人异化到只能用“外物”来显示尊贵的地步。其实，喜欢炫富摆阔的，常常是精神上贫困到骨子里的暴发户。而阮咸的“未能免俗”，正是他超脱了凡俗的特立独行之处。他的

这种放达不羁的行为，把贫与富、贵与贱的界限彻底地弥合了。

后来东晋有个叫郝隆的名士，可以说是阮咸的隔代传人。到了七月七日这一天，大家都在晒衣物，他却跑到院子里太阳底下，就地一躺。人家问他干什么，郝隆悠然自得地说了一句：“我晒书！”（《世说新语·排调》）言下之意，你们晒的都是身外之物，我偏要晒晒我的身内之物——我这肚子里可是满腹经纶呐！郝隆的这一手，应该就是从阮咸那儿学来的。

阮咸也很好酒。有一次，他和同族的亲戚们一起聚会。喝到兴头上，大家都不用平常用的酒杯倒酒了，而是用大酒缸盛了酒，然后围坐在一起，“相向大酌”，面对面地豪饮起来。这时碰巧有一群猪闻到酒香，也纷纷赶来，拱到酒缸里就喝。阮咸和他的族人们毫不介意，直接凑到酒缸里，和猪兄猪弟们一起喝了起来。这个“人猪共饮”的故事很有名。很多人以此批评阮咸，说他陷入了虚无的狂欢，丧失了人的尊严，是人的堕落。

但是仔细想想，这种行为也有着深刻的内涵。庄子在《齐物论》里表达了一种思想，就是“等生死”“齐万物”。如果说刘伶的“死便埋我”是“等生死”的话，那么阮咸的“人猪共饮”就是“齐万物”了。只有在酒的麻醉作用之下，人类才可能从世俗的藩篱中超脱出来，达到形体与精神的超越。

阮咸还是一个杰出的音乐家。他的耳朵特别灵，能通过音乐听出乐器存在的瑕疵。西晋的时候，有个音乐权威叫荀勖（xù），号称善解音律。宫廷的所有乐器包括钟鼓啊、丝竹啊、金石啊，都是经他一手制作的。每次演奏起来，一般人都觉得非常和谐悦耳。只有阮咸听着觉得不对劲，所以别人都夸奖荀勖时，阮咸却一言不发。荀勖很生气，就利用手中职权把阮咸调出朝廷，到一个叫始平的小地方做太守。后来有一个农夫在田野里耕地，得到一枚周代的玉尺，可以说是天下的标准尺。荀勖就用这把标准尺来考核校对自己所制作的钟鼓乐器，结果发现都短了一黍。一黍就是一

粒黄米。这真是失之毫厘，差之千里。荀勖这才知道，阮咸的音乐造诣已经到了出神入化的境界，远非自己所能及。

阮咸不仅妙解音律，还善弹一种长柄、圆肚、四弦的琵琶。这种琵琶据说就是阮咸创制的。弹奏的时候形象优雅，好似“明月入怀”；音声美妙，犹如“大珠小珠落玉盘”。唐代开元年间，从晋朝古墓中出土过一件铜制的琵琶，被命名为“阮咸”，简称“阮”。从此，“阮咸”或“阮”，也就成了这种古琵琶的一个别称了。以人名来给乐器命名，阮咸是中外音乐史上绝无仅有的一个。

像阮咸这样的生性放达而又多才多艺的人，经过他的叔叔阮籍的引荐，加入竹林之游当然是顺理成章的了。阮籍和阮咸，被后人合称为“大小阮”。因为这一对叔侄太有名，后来人们就把“小阮”作为侄子的代称，简称“阮”。比如称“贤侄”，干脆就可称为“贤阮”，叔侄与亲朋好友聚会，可被称为“阮家会”，侄子居住的地方可叫“阮咸宅”，等等。这都是阮咸对中国文化做出的间接贡献。

神童王戎

除了介绍刘伶和阮咸入伙，阮籍还介绍了一个神童加入竹林之游。这个神童就是竹林七贤中年龄最小的王戎。

王戎虽年龄最小，却是个大大的名人。他在六七岁时就有神童之誉。《世说新语·雅量》篇记载了一个“道边苦李”的故事。说王戎7岁时，曾和一群孩子在路边玩耍，看见路边有一棵李树，结满了李子。于是大家一哄而上，争先恐后地上去采摘。只有王戎视而不见，若无其事。人家问他怎么不去，他说：“这棵李树长在路边，却还有这么多果子，不用说，那

李子一定是苦的。”大家拿来李子一尝，果然是苦的。从此王戎就有了神童的美誉。

小王戎不仅早慧，而且胆量奇大。也是在他7岁的时候，有一次，魏明帝曹叡命人把一只凶猛的老虎砍掉牙齿和爪子，然后放在笼子里，运到洛阳城内的宣武场上，让百姓前去观看。当时宣武场上是人山人海，像过节似的，小王戎当然也跑去看热闹了。大家围在护栏外指指点点，十分兴奋。老虎不发威，大家都把它当“病猫”了。老虎何曾见过这种阵势，一下子发毛了，突然发出了一声惊天动地的咆哮。不仅咆哮，而且攀着护栏，做饿虎扑食状。那时候没有动物园，人们也没有这么近地看到过狂怒之下的老虎，都吓得魂飞魄散，呼啦一下全跑了。估计逃跑过程中，还发生多起踩踏事件。

只有7岁的王戎，不慌不忙地站在原地，脸上没有一点恐惧之色。魏明帝在不远处的阁楼上望见这一幕，很惊奇，就派人去打听王戎的姓名由来。小王戎于是一举成名。

一般情况下，早熟的孩子有个特点，就是喜欢和年长的人交往，因为同龄人在他看来难免幼稚。王戎十来岁的时候，结识了比他年长24岁的阮籍。当时阮籍正做尚书郎，与王戎的父亲王浑是同事。王浑经常在上班的时候带上王戎，这样阮籍便认识了这位神奇少年，两人一见如故，相见恨晚。每次阮籍去找王浑，说不了几句话便去找王戎，两人总是谈论好久才分手。有一次，阮籍甚至对王浑说了一句很不客气的话：“你儿子清拔俊赏，不是你这种人可比的。和你说话，还不如和阿戎说话有意思。”

阮籍是个沉默是金、守口如瓶的人，轻易不愿臧否人物。他的这句话捧一个，打一个，立竿见影，效果显著，让小王戎在历史上出尽了风头。

王戎身材不高，但是长得神采秀彻，很讨人喜欢。他的眼睛很有神，人称“戎眼烂烂，如岩下电”（《世说新语·容止》）。就是说，他的眼睛精光四射，犹如山岩下的闪电一样。而且王戎还有个特异功能——“视日不

眩”，就是能够直接看着太阳而不觉得头晕眼花。我们知道，魏晋时对人的形神之美很重视，像王戎这样的阳光男孩当然很受欢迎。所以阮籍把王戎介绍到竹林之游的圈子里，大家也没有因为他年幼而拒绝。

但是，太早熟的人，往往也会过早地变得圆滑世故；太聪明的人，往往自以为高明，而最终不过是精明；同样，太可爱的人，往往并不一定可靠。

经过一段了解，大家都看出王戎“人小鬼大”，不像他看上去的那么单纯，甚至还有一种骨子里的“俗气”。《世说新语·排调》记载了一个故事，说有一次，嵇康、阮籍、山涛、刘伶在竹林中畅快地喝酒。王戎后到，阮籍半真半假地说：“这个俗人又来败坏咱们的雅兴了！”王戎很机灵地说：“你们这些高人的雅兴，也是可以败坏的吗？”虽然是玩笑话，但透露出一个信息，那就是王戎虽然年轻，但是很有些少年老成，圆滑世故。他和超然物外、逍遥自适的竹林精神是有冲突的。

为什么会这样？我估计跟王戎的出身有关。与竹林七贤中的其他六人都不一样，王戎出身于山东琅琊王氏，而琅琊王氏是当时的豪门大族，根深叶茂，财大气粗。王戎不可能不受到家族风气的影响，像阮籍刘伶这些动不动就裸奔的人，和他的性情趣味是有距离的。被阮籍批评过的王戎的父亲王浑，可能就散发着一种大户人家的志得意满的骄气和狭隘鄙吝的俗气。很不幸的是，这些气质后来还是在王戎身上“发扬光大”了。

书生向秀

竹林七贤中，还有一个天生的“读书种子”，那就是向秀。

向秀和山涛是同乡，都是河内怀县人，估计在山涛担任河内郡功曹的

时候，就认识了年轻的向秀。后来山涛把向秀介绍给嵇康、阮籍，于是加入竹林之游。在七贤中，向秀和嵇康的年龄相仿，关系也最好。向秀可以说是嵇康的死党。一个突出的例子，就是为了和嵇康常见面，他竟然把家搬到了山阳，和嵇康住得很近。这足以说明嵇康的人格魅力有多强。

当时，还有一个东平的名士，叫吕安。他和嵇康、向秀的关系也很好。由于性情相投，他也搬到山阳来隐居了。于是在竹林之游中，形成了一个“铁三角”关系。向秀有的时候和吕安一起种菜灌园，自食其力。有时候又和嵇康一起锻铁，不亦乐乎。山阳这个地方是产煤的，冶铁业很发达。根据文献的记载，嵇康和向秀打铁的动力是靠水力发动的，而且两个人分工合作。嵇康扬锤打铁，向秀负责拉风箱，配合默契。两人制作的铁器，有农具，也有日常用品。据说北宋大文豪苏轼有一把拐杖，就是嵇康的作品。

灌园、打铁之外，向秀还有一个爱好，就是读书。向秀喜欢钻研学问，尤其喜欢《庄子》。有一次，他对嵇康和吕安说，他想为《庄子》一书做注释。两人一听都不以为然，劝他不要干这么吃力不讨好的事。向秀不听，坚持不懈地注《庄子》，终于大功告成。他把完成的《庄子注》交给嵇康、吕安。二人读过之后，叹为观止，惊呼：“庄生不死矣！”这部著作后来虽然没有全本流传，但向秀在学术史上的地位却是相当重要的。

以上，我们把竹林七贤的另外四位做了一个简单的介绍。有一点必须交代，就是这七个人物并不是总在一起活动的，时间、地点、人数都经常变动。平时三三两两各自活动，偶尔才呼朋引伴，把臂入林。客观地说，七贤如数到齐的可能性并不如我们想象的那么多。

大致说来，他们活动的主要地点有两个：一是河内的山阳，以嵇康为主，山涛、向秀、吕安为辅；一是京城洛阳，以阮籍为主，刘伶、阮咸、王戎为辅。嵇康、阮籍、山涛是三个核心，都具有号召力，其他四人则无此影响。由于嵇康地处山阳风景绝佳之地，还有微薄的官俸可供开销，所

以，山阳是他们聚会的首选，而嵇康则是竹林之游当之无愧的灵魂人物。总的说来，在他们交游的早期，也就是正始末年的一两年间，他们是快乐逍遥的，与世无争的。

然而，这样的日子很快就要到头了。一场突如其来的政治事变，改变了他们的命运，竹林盛宴失去了当初的欢乐。

酒的味道变了，美酒变成了苦酒。

人的心态也变了，自由的翅膀变成了恐惧的枷锁。

隐居，成了一种奢侈；活着，更成了一个难题。

那么，这是一场怎样的事变呢？

第六章　高平陵之变

一场间谍战

三国魏正始十年，即公元249年，是魏晋历史上一个非常重要的年份，可以说是一个转折点：这一年之前，虽然曹马之争愈演愈烈，但曹魏政权还是比较稳定的，至少天下还是姓曹的天下；这一年之后，情况急转直下，曹魏的统治大权旁落，名存实亡，取而代之的是司马氏的专制暴政。从这一年开始到西晋建立的公元265年，这16年，整个国家陷入风雨飘摇的剧烈动荡之中。这16年，也成为中国历史上最黑暗、最恐怖的一个时期。

究竟是什么改变了这一切呢？这一年，到底发生了什么事，导致天下大乱呢？

简单说，就是这一年年初，卧病不朝、退出政坛的司马懿悍然发动了一场骇人听闻的政变，以迅雷不及掩耳之势，粉碎了他的头号政敌曹爽及其所有党羽。从此，司马氏成了中央政权的实际掌控者。

这场政变，历史上叫作“高平陵之变”，也叫“典午之变”。典午，就是指司马氏。

高平陵之变是怎么策划发动的？又对竹林七贤的命运产生了怎样的影响呢？

我们前面讲过，正始八年（247）五月，司马懿故伎重演，再次装病，宣布不理朝政，退出政坛。这件事直接导致了竹林七贤的老大哥山涛的急流勇退，弃官归隐。但是，并不是每个人都有山涛这样的远见卓识。像曹爽一伙，他们不仅没有引起警觉，反而真的以为司马懿已经大势已去，于是就更加肆无忌惮地结党营私，骄奢淫逸。

正始九年（248）三月，曹爽又做了一件大逆不道的事。这件事最终

成了勒住他脖子的绳索。

当时皇宫里有个宦官叫张当，他为了讨好曹爽，竟然把皇宫里本来属于先帝，也就是魏明帝曹叡的十来个才人宫女，偷偷地送给曹爽做歌姬舞女，供他享乐。不仅如此，曹爽自己还利用手中职权，擅自取用宫廷乐队的乐器，擅自调用武库的禁兵。总之是为所欲为，无法无天。而且史书上还有一种更可怕的说法，说曹爽与张当狼狈为奸，暗中密谋，想要对皇室不利，图谋不轨。

也许是做贼心虚、投鼠忌器吧，曹爽一伙也特别担心司马懿会东山再起，于是就搞了一次“间谍战”，想要探听司马懿的虚实。

正始九年冬天，曹爽的亲信、时任河南尹的李胜高升了，官拜荆州刺史，不久就要到荆州赴任。在曹爽的指使下，李胜专程到司马懿府上拜访，名义上是辞行，实际上是刺探司马懿的虚实。司马懿何等聪明，当然知道李胜葫芦里卖的是啥药。一听门卫通报，司马懿就低声对儿子司马师和司马昭说：“这一定是曹爽派来打探老夫虚实的。”于是，表演大师、诈骗高手司马懿立马进入“表演状态”，粉墨登场了。

李胜进了司马懿的府邸，被下人引到了司马懿的卧房。一进去，就看见司马懿半躺在病床上，头发散乱，精神萎靡，看样子病得不轻。李胜行了个礼，十分谦恭地说：“太傅一向可好啊？下官没有什么功劳，却得到皇上的恩典，让我回本州任职，实在惭愧。多日不见太傅，今日特来拜见辞行！”李胜是荆州人，所以他把回荆州任职说成是“回本州”。

按说，李胜说明来意，司马懿完全可以直接回答。但他没有，他先做了一个即兴的表演。这个表演全是动作，没有台词。怎么表演的呢？司马懿装作病重、十分虚弱的样子，让两个婢女近前伺候自己穿衣服。等他刚接过衣服，手就触电似地颤抖起来。这一抖，衣服就掉在了地上。司马懿装的这个病，按照现代医学术语，很像是“帕金森综合征”，主要症状是肌肉僵直、静止性震颤和姿势不稳。

然后，司马懿又抖抖索索地用手指指自己的嘴巴，意思是口渴了，想喝点粥。婢女连忙把一碗粥端过来喂他。懿就伸出嘴凑上去喝，结果嘴巴、舌头也控制失灵，竟把粥滴滴答答地流了一身。根据我们的医学常识，面部僵硬，嘴巴、舌头处于半瘫痪状态，这又是典型的“中风”症状。这是司马懿装的第二种病。

说来也很有趣，史书对这件事写得非常详细。不知道写历史的人是出于什么心理，大概是存心要寒碜司马懿吧。通过这些记载，我们知道，司马懿不仅自己的演技高，而且把丫鬟婢女家人们也调教得很好。我想他事前肯定跟这些人“说过戏”，否则有一个人进入不了角色，这出戏就肯定要穿帮。用现在的话说，司马懿不是一般的“忽悠”，他是在“组团忽悠”。

李胜一看这情景，也挺伤感，说：“太傅啊，现在皇上年幼，天下的安定还要仰仗明公啊！大家本来以为太傅您是旧病复发，没有大碍，哪里想到您的身体已经虚弱到这般了？”说着，李胜还流下了眼泪。李胜的眼泪是不是鳄鱼泪呢？我看不是。毕竟到目前为止，两人还是正常的上下级关系，平时也没有深仇大恨，李胜的眼泪除了说明他智商不是太高，很容易被忽悠之外，也从一个侧面说明了司马懿的演技是何等高超。

接下来，司马懿继续表演，这一次有“台词”了。他把声音弄得既沙哑又虚弱，气喘吁吁地说：“如今我年老病重，死在旦夕。君此番要去并州就职，并州那地方离胡人比较近，一定要善加防备啊。我这把老骨头，恐怕不能和君再见面了，如之奈何？”

请注意，司马懿在台词里面，故意说错了一个地方，就是把李胜说的“本州”（也就是荆州）说成“并州”，以此来表明自己的确已经病入膏肓，耳朵都快聋了，连思维都严重短路了。这是司马懿装的第三种病，症状很像是我们今天所说的“老年痴呆”。

李胜一听，连忙纠正说：“太傅，您听错了，下官是要回本州，不是

并州。”

司马懿继续装聋作哑，自说自话道：“君将到并州，应该努力自爱啊！”

李胜一看，只好进一步纠正说：“太傅，下官将回老家荆州任职，不是并州。”

司马懿一看，戏演得差不多了，老年痴呆的样子也奏效了，就装作恍然大悟的样子说：“老夫年老力衰，神志都不清了。如今政通人和，您回到荆州，正是可以大有作为的时候啊！可惜我不久于人世了，今天就是你我生死共别之日。犬子司马师、司马昭不肖，从今往后，还要托付给您和大将军，请你们多多关照啊！”话说得掏心掏肺，就像临终遗言似的。说罢，司马懿倒在床上，声嘶力竭，呼呼气喘，委顿不堪。

整个过程演得是有条不紊，惟妙惟肖，天衣无缝。

李胜亲眼看到司马懿自编、自导、自演的这一幕好戏，并且自己亲自参与了演出，当然对司马懿的老态和病态深信不疑。一个连生活都不能自理、行将就木的老人，就像阴沟里垂死的泥鳅，还能翻出什么大浪呢？所以李胜回去就报告曹爽说：“司马公形神已离，完全是一具行尸走肉，只等着进棺材了，不足为虑！”曹爽一听，非常高兴，也就不再对司马懿做任何防备。

说到这儿，我们把李胜和山涛做个对比，就会发现，两人的见识悬殊。山涛一听说司马懿卧病不朝就嗅出了危险的气味，立马弃官不做了。他做这个判断靠的是大脑。而李胜亲自前去刺探，眼睛、耳朵、嘴巴都用上了，可就是没用脑子，最终被司马懿骗得晕头转向，信以为真。山涛的智慧和见识之高，由此可见。

这场“间谍战”，可以说是一场没有硝烟的战争，曹马双方的实力差距之大立竿见影，一望可知。曹爽虽然有权力，但是却缺乏足够的智力和能力，他这个“间谍战”不打还好，一打反而给司马懿提供了一个故布疑

阵的机会。

我们知道，三十六计之中有一计，叫作“假痴不癫”。假痴不癫，关键在于一个“假”字，就是自己虽然拥有强大的实力，但故意深藏不露，故意装傻示弱，借以迷惑敌人，麻痹敌人，让敌人失去警惕，暴露弱点，然后抓住机会，给敌人以致命的打击。

司马懿迷惑曹爽的这一招就是标准的“假痴不癫”之计。就像是老虎反扑之前的后蹲姿势——后蹲得越彻底，攻击时的爆发力就越大；也像是拳手出拳之前的故意收缩——收缩得越彻底，杀伤力也就越大。

从这场较量可以看出，曹爽一伙的“侦察能力”实在有限，而司马懿的“反侦察能力”却很强，他把本来不利于自己的局势向有利于自己的方向扭转了。

玩的就是心跳

迷惑了曹爽之后，司马懿就开始紧锣密鼓地进行发动政变的准备。具体包括三个步骤：

第一，积累军事力量，养精蓄锐。俗话说，打虎亲兄弟，上阵父子兵。司马懿的两个儿子司马师和司马昭，就像他的左膀右臂，在政变中发挥了重要作用。特别是司马师，能文能武，大有乃父之风。当时司马师42岁，政治上已经很老到。他不仅统领着一支合法的禁卫军，还在司马懿的授意之下，暗中招募、蓄养了一支忠心耿耿、能征善战、指哪儿打哪儿的心腹“敢死队”。这支部队人数虽然不多，约有三千人，却是一支训练

有素的特种部队。平常处于地下状态，关键时刻能够迅速集结，而且“雪藏”得越久爆发力越强，一旦出手，那就是“重装上阵”，随时可以给放松警惕的曹爽集团以致命一击。

第二，联络曹魏老臣，取得道义支持。比如当时的太尉蒋济（也就是征召阮籍而阮籍不干的那位）、司徒高柔、太仆王观等一帮曹魏老臣，也对曹爽一伙心存不满。司马懿就和他们暗中联络，以维护曹魏皇室的立场取得他们的同情和支持。这是一种政治上的必要铺垫，一旦政变发动，只要蒋济等人不站在反对的一方，利用兵权阻挠自己，事情便可大功告成。

第三，制造舆论，蛊惑人心。当时京城里流传着一句谚语：“何邓丁，乱京城。”何邓丁，就是曹爽的心腹何晏、邓飏和丁谧。这三个人是当时的文人名士，喜欢浮华，党同伐异，名声都不太好。曹爽正是在他们的帮助之下才欲望膨胀，一步步走向深渊的。这句谚语，在洛阳流传很广，很可能是司马懿一方散布的，但也反映了当时的民心民意。

转眼就到了正始十年（249）的正月初六，司马懿的一个千载难逢的机会来了。

这一天，曹爽和他的兄弟曹羲、曹训陪着已经18岁的皇帝曹芳，一同出了洛阳城，要去城南90里的魏明帝曹叡的陵墓——高平陵去祭祀。

这是个很危险的举动，稍有政治头脑的人不会如此草率行事。当时，有个大臣就坚决反对。谁呢？就是有“智囊”之誉的、时任大司农（相当于农业部部长）的桓范。桓范本来也不是曹爽的党羽，但他是沛国人，与曹氏是同乡，又是曹魏重臣，于公于私他都不愿意站在司马懿一方。

曹爽兄弟临行前，桓范曾苦口婆心地加以规劝，他说：“你们兄弟或总理万机，或统率禁军，掌握国家的军政大权，为安全起见，不应一起出行。万一有人关闭城门，发动政变，谁来接应你们进城呢？”这话真是一语道破天机。但曹爽当时感觉良好，哪里肯听？就说：“谁敢这样做！”于是，按原计划和兄弟们护卫着天子倾巢出动。

司马懿探听到曹爽兄弟出城后，立马从病床上爬起来，以迅雷不及掩耳之势，指挥儿子们集合兵马，占领军事要地。这时候，司马师豢养的那三千多名敢死队，就像从地下冒出来似地集结起来，迅速控制了洛阳城。接着，司马懿假托太后的命令，让司徒高柔行大将军事，占据曹爽的军营；又命太仆王观行中领军事，占据曹爽的弟弟曹羲的军营。这样，司马氏便接管了曹爽兄弟手中的武装力量。

这是政变的第一步——武装占领。

第二步——切断后路。司马懿紧接着下令关闭洛阳的所有城门，占领武器库，然后亲率大军出城，占据洛水的浮桥，切断了曹爽等人的归路。

第三步——上书夺权。这是最重要的一步，司马懿上书皇帝曹芳，历数曹爽等人的罪行，说他们有“无君之心”，要求罢免曹爽兄弟的兵权，并且说这是太后的意思。其实曹爽兄弟的兵权这时已经被夺，上书的目的，就是使自己发动的政变具有合法性。至少向天下证明，我司马懿是“清君侧”，不是“反皇帝”。

这一切差不多在一天一夜之内完成，每一步都经过精心设计。足可看出，司马懿不仅是个能征善战的军事家，还是一个雷厉风行的政治家。

司马懿简直把政变当作了一场游戏，玩得惊心动魄。玩的就是心跳！

这一闷棍把曹爽打了个“一佛出世，二佛升天”。他先看了司马懿的奏疏，不敢送给皇帝曹芳，吓得不知所措。司马懿非常明白曹爽此时的心理，也不敢把他逼急了，唯恐他狗急跳墙，孤注一掷。毕竟曹爽有天子这张王牌在手。于是司马懿就接连派侍中许允、尚书陈泰等人劝说曹爽：只要罢兵息甲，交出兵权，仍可回归府第，保留爵位。司马懿还指着洛水发誓，表示决不食言。太尉蒋济也写信劝说曹爽投降。这给了曹爽一线希望，让他觉得只要自己交出兵权，总还能做他的“富家翁”，至少没有性命之忧。

就在曹爽举棋不定的时候，当初劝曹爽不要铤而走险的桓范又出场了。桓范只身逃出洛阳来为曹爽“支招”，可以说是一次风险极大的“政

治投资”。这就意味着，在新一轮的曹马之争中，桓范选择了站在曹爽这一边。但事实证明，他这个“队”站错了。这时候站错队和山涛那时候站错队不一样，这一次是“开弓没有回头箭”，再无挽回的余地！

桓范给曹爽支了什么招呢？应该说绝对是一条起死回生的妙计。桓范见了曹爽，拼命给他打气，希望他振作起来，与司马懿决一雌雄。他劝说曹爽兄弟把皇帝迁到许昌，“挟天子以令诸侯”，然后调集外地军队和司马懿作战。只要有天子在自己掌控之下，什么都不用怕！

如果曹爽真的这样做，那历史就要改写了。但是，桓范苦口婆心地劝说了一夜，曹爽兄弟却像霜打的茄子、泄气的皮球，再也鼓不出勇气来。天快亮了，曹爽把佩刀往地上一扔，说：“司马懿无非是想夺去我的兵权罢了，那我就交出兵权，以侯爵的身份回家，照样能做一个富家翁！”可见，曹爽虽然贵为大将军、曹魏宗室，却是一个标准的窝囊废，一无能力，二无头脑，三无胆魄，这样的“三无”人员怎么能和司马懿抗衡呢？

桓范一看曹爽如此草包，放声大哭，提着曹爽的父亲曹真的名字说：“曹子丹一代名将，怎么生下你们这帮儿子，简直是一群没出息的牲口犊子啊！想不到我们这些人，都要被你们牵连而遭受灭族之祸了！”

桓范这番话足以说明他不愧智囊的称号。他不仅了解政治斗争的残酷性，更了解司马懿的为人。而曹爽跟司马懿斗了这么多年，却最终没有做到知己知彼。但是，桓范也犯了一个错误，就是他没有真正了解曹爽的无能，也许他以为“老子英雄儿好汉”，殊不知“老子英雄儿混蛋”的事也在所难免。所以，他最终对曹爽的判断是失误的。

这一点，桓范就不如太尉蒋济。当时桓范逃出洛阳城投奔曹爽之后，司马懿得到消息，不免有些担忧，就对蒋济说：“这智囊投到那边去了，奈何？”蒋济很会看人，他笑着说：“不妨。桓范虽然很有智慧，但曹爽那厮优柔寡断，肯定不会采纳他的计谋。就像跑不快的驽马总是贪恋马槽里的饲料一样，曹爽留恋的只是自己的家业。”

蒋济真是火眼金睛，一眼就把曹爽看到了骨子里！

那么，曹爽交了兵权之后，最终有没有留住自己的家业呢？

答案是：没有。不仅家业没有留住，他自己的脑袋也没能留住。不仅他的脑袋没留住，就连他的兄弟、他手下的那帮心腹以及他们的三族，两三千人的脑袋，也都没能留住！

杀戮游戏

有人要问了：司马懿不是指着洛水发誓，只要曹爽交出兵权，他就既往不咎吗？

没错。司马懿是说过。但我们不要忘了，司马懿是个政治家、谋略家。政治家是常常需要讲究谋略、策略和手段的。

我们有此疑问，恰恰说明我们善良。太善良的人总是会把人往好处想，所以我们做不了政治家，更别说司马懿那样的野心家和阴谋家。

我们通常能够理解政治家的争权夺利，但是我们实在无法理解野心家、阴谋家的杀人如麻、心狠手辣。

同样是杀人，刽子手和政治家大不相同。

刽子手杀人，是用刀；政治家杀人，是用权。

刽子手是手起刀落，不需要理由；政治家是生杀予夺，兵不血刃。

政治家常常要借刀杀人，而且要名正言顺。

政治家杀人，不仅需要杀人的结果，还需要杀人的效果，最好是大快人心，举国欢庆。

司马懿就是这样一个政治家。翻手为云，覆手为雨。正是这样的政治家，把“政治家”这个原本中性的词给抹黑了。

司马懿的狡猾之处在于，他并没有对交出军政大权的曹爽一伙“斩立决”。那样做不仅不合法，而且不高明。他怎么做的呢？他是先把曹爽软禁起来，派兵将其住宅团团围住，并在四角搭起高楼，派士兵在楼上监视曹爽兄弟的一举一动。曹爽只要在自己的府中动一动，比如说他到东南方向干什么，楼上的士兵望见，便大声呼喊：“故大将军东南行！”吓得曹爽惊慌失措。

什么是恐怖？这就是恐怖。

有时候，精神的恐怖远比肉体的折磨更厉害，更恶毒，它能迅速瓦解一个人的精神和意志，让你生不如死。

这时的曹爽，就是生不如死。

与此同时，司马懿开始走司法路线，对曹爽集团的罪行进行“取证”。按说，司马懿这时杀掉曹爽实在不费吹灰之力，但是，费了九牛二虎之力就只杀一个曹爽，我们也太小看司马懿了。

要知道，司马懿日思夜想的，绝不仅仅是杀一儆百，杀鸡骇猴，那样太“小儿科”了！司马懿处心积虑要完成的，或者说要享受的，是一场大规模的杀戮！

当然，这样的杀戮难度就大了，不仅需要权术，还需要艺术。在没有战争的社会条件下，怎么样才能迅速、有效地组织大规模的杀戮呢？这是一个问题。

一帮朝廷高官，不是说杀就杀的。要杀，只有一个罪名，那就是篡逆，就是谋反。

曹爽是否真有篡逆之心呢？由于材料有限，我们很难判断，但是在他权力膨胀的时候，的确干过一些无法无天、目无君上的事。这就很容易成为司马懿的突破口。

这时，一个本来次要的人物一下子重要起来。谁呢？就是同曹爽来往密切的宦官张当。司马懿当即把张当抓捕归案。一番严刑拷打，张当便对

“犯罪事实”供认不讳。供词里说，曹爽与何晏等人暗中密谋，要在该年的三月里造反。至于哪些人参与了“谋反”？“黑名单”里都有谁？那当然是随司马懿高兴了——看谁不顺眼就是谁。

所以，我们看到，在下令捕杀的黑名单中，一共有十个人、八个家族榜上有名，分别是：曹爽、曹羲、曹训兄弟，曹爽的亲信何晏、邓飏、丁谧、毕轨、李胜，还有关键时刻站错了队的桓范，最后一个是替罪羊张当。最终，这些人都被以谋反的罪名处死，并“夷三族”，就是父族、母族、妻族所有亲戚全部杀光，就连已经出嫁的女儿也不能幸免。

这次杀戮，有数千人身首异处，死于非命。

当时的吏部尚书何晏，是曹操的养子。人长得很漂亮，是著名的玄学家，清谈的祖师爷，也是吃药之风的开启者，是当时一个偶像级的大名士。何晏和司马懿的长子司马师有过交往，而且是齐名的。司马懿在审理曹爽的案件时，就故意让何晏加入。何晏看到一线生机，就十分卖力地检举揭发从前的盟友，以为自己能够得到宽恕。没想到，最后要抓捕时，司马懿却说：“凡有八族。”何晏掰着指头数来数去，只有七族。司马懿说：“还不够呢！”何晏一听，慌了神，问：“难道也有我吗？”司马懿脸一沉，说：“正是！”于是何晏一族也被抓捕杀害。

就像猫捉到老鼠先要“逗你玩”一样，司马懿也把杀人变成了一场游戏。

恐怖，还是恐怖

美国哲学家威廉·詹姆士说：“人简直是食肉猛兽中最令人生畏的，他是唯一能够有组织地捕食同类的猛兽。”

司马氏集团正是这样一群“有组织地捕食同类的猛兽”。司马懿如此，他的两个儿子司马师和司马昭也是如此。

在他们执政期间，政治空气极端紧张，除了恐怖，还是恐怖。

高平陵之变可以分成两个阶段：第一个阶段是政变，第二个阶段是屠杀。

在这场空前血腥的大屠杀中，司马懿的变态杀人狂的嘴脸暴露无遗。本来，曹爽集团是不得人心，司马懿发动政变，改组政府，还有顺应民心的一面。曹爽一伙的骨干分子被夺权的夺权、免官的免官，也是罪有应得。但平心而论，曹爽一伙再有问题，也还没有大开杀戒。在他们专权的时候，政局还比较平稳，即使治他们的死罪，也不该株连三族，滥杀无辜！

我们说，不能因为有了杀人的权力，有了杀人的理由，便可以失去对生命的敬畏，荼毒生灵，草菅人命。这是人类社会的一个起码的伦理底线。所有逾越这道底线的人，不管你有多大的权力，最终都会被钉在历史的耻辱柱上。

经过这次政变，曹魏的军政大权全部落在司马氏家族手中，皇帝曹芳只能充当傀儡皇帝，对司马氏言听计从。正始十年（249）四月，作为政治上的一个新纪元的开始，“正始”这个年号不用了，从四月开始，年号被改为“嘉平”。

司马懿铲除了政敌，当然是志得意满，但是多年的政治经验告诉他，这样的屠杀一定会引起朝野的反弹。于是，他便开始网罗天下名士，为自己的统治装潢门面。

就这样，竹林七贤便进入了司马懿的“伏击圈”。

那么，在高平陵政变之后，竹林名士们又是怎样一种心态呢？可以用两个成语来形容，一个叫作“兔死狐悲”，一个叫作“唇亡齿寒”。

特别是吏部尚书何晏的死，更让他们不寒而栗。何晏不仅是当时学术

界的领袖，还和竹林七贤的领袖嵇康有亲戚关系。何晏娶的曹操的女儿金乡公主，正好是嵇康的岳父、沛穆王曹林的妹妹。同时，阮籍、山涛等人都在京城做过官，和被杀的曹爽、何晏、李胜等人虽无密切的关系，至少也是彼此认识的。

昨天还是有生之人，今日已成刀下之鬼。可想而知，这场惊天巨变带给这些活着的人的，该是何等沉重的打击！

在这样严酷的政治环境中，竹林之游自然受到了很大的冲击。他们虽然还时不时地在一起喝酒、清谈、弹琴、赋诗，但是，给人的感觉却更像是苦中作乐，举杯消愁了。

如果把他们比作一群爱好自由的鸟儿，原本在林间自由自在地翱翔、鸣叫，而现在，他们却被无边的恐惧和痛苦击中了。不远处，正有一张无形的大网向他们铺天盖地地笼罩过来。

是福不是祸，是祸躲不过。

竹林七贤中，到底是谁最先被司马懿的大网所网罗呢？

面对司马氏的政治高压，他们该何去何从？

第七章　请君入彀

何去何从

高平陵政变之后，曹魏政权大权旁落，名义上还姓曹，实际上已经归司马氏了。曹魏的天下名存实亡。

这次政变犹如一场海啸，又好比一次地震，给隐居在山阳的竹林名士们带来了巨大冲击。本来，竹林七贤中的大部分人都是老庄思想的信徒，都有隐居之志。但是现在，他们连隐居的自由都失去了。

古语云：“邦有道则仕，邦无道则隐。”但这只是对一般情况而言。碰上“邦无道”到极点的专制极权时代，比如司马氏统治的时代，这句话就该反过来说，变成——“邦有道尚可隐，邦无道必须仕”了。

为什么这么说？因为司马氏统治者奉行的是“顺我者昌，逆我者亡”，他把所有的选择都简化成了哈姆雷特的那句追问——活着？还是死去？你看着办吧！

在此种情况下，远离政治的隐居本身，反而成了另一种政治。在独裁者的眼里，隐居就成了一种“表态”，不合作就是反对，弃权票也就是反对票。而反对，那就是死路一条。

大屠杀之后，掌握了大权的司马懿为了笼络人心，开始招贤纳士。说白了，其实就是逼迫那些立场飘忽、试图保持独立性的士人赶紧“表态”。是敌人？还是朋友？二选一，你赶快说！

这种迫人表态的局面是非常恐怖的。

当时有一个叫李丰的名士，他是公主的老公公，很有名望。他在曹马之争中就一直不愿意站队，和曹爽与司马懿保持相同的距离，谁也不讨好，谁也不得罪，一度十分安全，如鱼得水。但是，高平陵之变发生后，情况就变了。一次，李丰见到正要上奏诛杀曹爽一伙的司马懿，一向颇有

阳刚之气的他，竟然吓得两腿发软，半天动弹不得！

由此可见，在权力斗争中，一旦两个对峙的力量决出了胜负，胜利者的威慑力会成倍地增长，不仅会给失败的一方带来灭顶之灾，对于曾经保持中立的一方来说，也会产生极大的恐惧。

可以说，当时天下的士人都成了惊弓之鸟，唯恐自己成为下一个目标和猎物。

我想起了唐太宗的一个典故。

有一年科举考试结束后，唐太宗站在端门上，看见新科进士们络绎而行，鱼贯而入，非常高兴，志得意满地说："天下英雄，尽入我彀中矣！"

彀（gòu）中，就是弓箭射程所及的范围，也用来比喻圈套或者牢笼。"尽入我彀中"，其实就是都在我手心里、股掌间、控制中，再也无法逃脱之意。这句话看似豪壮，其实也一语道破了权势者的霸道心理。

司马懿当时恐怕也有同样的心态。他知道自己的屠杀让有识之士心寒，于是千方百计地挽回局面。他一方面在朝廷中培植自己的势力，提升了不少人的职位；另一方面，也非常注意网罗那些在野的、隐居的，但又有影响力的文人名士。

竹林七贤中，有一个人最先引起司马懿的注意。

谁呢？就是大名鼎鼎的阮籍。

司马懿为什么会看好阮籍呢？原因有三：

第一，阮籍有名望，有才华。

第二，阮籍有背景。我们知道，阮籍的父亲阮瑀曾在曹操手下任职，和曹氏关系很近。但我们不要忘了，司马懿当年也是曹操的僚属，和阮瑀一起共过事。阮瑀死时，阮籍不过三岁，虽然史书上没有交代司马懿和阮籍的关系，但不难推测，司马懿不仅认识阮籍，甚至有可能还是看着阮籍长大的。在司马懿眼里，阮籍就是一个"通家少年"，老朋友的孩子。

第三，也是最重要的一点，就是一年多前，司马懿的政敌曹爽拉拢阮

籍做大将军府的参军时，阮籍没有答应。这样一个有曹家背景又拒绝过曹爽的人，如果被招致麾下，政治上会对自己有利得多。

因为这些原因，司马懿十分看重阮籍的政治利用价值。所以，在诛灭曹爽等人不久，司马懿便向阮籍发出了征召的任命，邀请他到自己的太傅府中任职。

谁都看得出来，这样的邀请性质上跟当年蒋济和曹爽的邀请大不相同。一个双手沾满鲜血的刽子手的邀请，与其说是邀请，还不如说是要挟，是绑架。

不用说，阮籍面临的是一个两难选择。

究竟何去何从？这是一个问题。

阮籍有没有答应呢？

我们先把这个问题放一放，说说阮籍的两句诗。

阮籍的《咏怀诗》第20首开头两句说：

杨朱泣歧路，墨子悲染丝。

这里引用了两个典故。第一个典故说，战国时候有个叫杨朱的人，有一次外出，遇到一个歧路，也就是三岔路口，一条往南，一条往北，该走哪条路呢？杨朱抉择不下。由此他联想到人生中的各种各样的歧路，荣辱、贵贱、成败、是非等等，开始的决定只在一念之间，而结果却是失之毫厘，差之千里。想到这里，杨朱不禁伤感万分，竟站在岔路口哭了起来。这就是“杨朱泣歧路”。

第二个典故是关于墨子的。说墨子有一次看到有人在染丝。那些白色的生丝，将染未染之际还是洁白无瑕的，可是一旦染上颜色，可以变黄，也可以变黑，跟原来的样子大相径庭。他于是联想到，染丝这件事虽小，却不可不慎重啊。进而言之，治国不是和染丝一样吗？想到这里，墨子忍

不住悲伤地感叹起来。这就是“墨子悲染丝”。

其实，无论是杨朱的哭泣，还是墨子的悲叹，都涉及了人生的选择以及选择的痛苦问题。阮籍在诗歌中引用这两个典故，说明他深深地体会到了选择的无奈和误入歧途的痛苦。

西方存在主义哲学有一个观点——存在即选择，选择即自由。

一个人如果还能从容选择，那就说明你还拥有一定的自由。如果你连选择的自由都被剥夺，那你就毫无自由可言了。这时的阮籍就是一个被剥夺了选择自由的人。因为在司马懿的屠刀之下，仕和隐的选择，早已经成了生与死的拷问。

在这个世界上，那些通过暴力手段获得权力的人，往往会习惯性地采用暴力手段维护权力。而权力和暴力一旦联手，就会产生、也只能产生一个东西——恐怖。

现在，我们可以回答刚才那个问题了：阮籍有没有答应司马懿的征召呢？

答案是，答应了。他不得不答应。阮籍毕竟是一介书生，他可以拒绝蒋济，可以拒绝曹爽，但却不能拒绝司马懿。因为司马懿的刀子磨得很快！拒绝司马懿，特别是在这个节骨眼上拒绝，等于把自己当作了司马氏的活靶子，无异于找死！

这就是我所说的“邦无道必须仕”。

万般无奈之下，阮籍不得不告别隐居生活，来到京城洛阳的太傅府中，做了司马懿的从事中郎。从事中郎，是三公府中专设的一个属官，职责是参议谋划，地位在长史、司马之下，也是很重要的僚属。但本质上讲，阮籍做的这个从事中郎，属于帮闲性质，既不用坐班，也不必有什么政绩，挂个名，领一份俸禄，如此而已。

我们现在戏说“白领”，就是每个月的薪水都用完了，工资白领了，所以叫“白领”。

阮籍也算是那个时候的“白领”，不过他是——不领白不领，领了不白领。

这一年是嘉平元年（249），阮籍刚好40岁。而此后的十几年，阮籍一直没有离开司马氏的掌控，直到他离开这个世界。

护花使者

尽管阮籍进入了司马懿的幕府，但他骨子里是清醒的。他不愿意充当司马氏暴政的帮凶，但为了保全性命，又不得不虚与委蛇，尸位素餐。这对于一向自视甚高的阮籍该有多么痛苦！这种痛苦一直折磨着阮籍的后半生。因为痛苦需要发泄，所以本来就有痴怪之名的阮籍才有了更多的怪诞行为和出格言论。

当时，司马氏打着恢复礼法名教的旗号君临天下，因为从曹操“唯才是举”以来，儒家的礼教日渐式微，甚至陷于崩溃的边缘。阮籍可不管这一套，率性而为，我行我素。特别是他对女性的态度，堪称惊世骇俗。

有一次阮籍的嫂子回娘家，他偏要赶去殷殷道别，估计还来个十里相送。要知道，这在当时是不合礼教的。《礼记》明文规定：“叔嫂不通问。”于是就有人讥讽他。阮籍却说了一句惊天动地的话：“礼岂为我辈设也？”——礼法这劳什子，难道是为我这样的人设计的吗？言下之意，礼教是统治者用来忽悠那些俗人庸众的，和我有什么关系！

这句话尽显魏晋名士的放达不羁，成了最受后人推重的反礼教宣言。“阮籍别嫂”的故事从此深入人心，脍炙人口。

阮籍的隔壁邻居家有一位少妇，人长得很漂亮，开了一家酒店，当垆卖酒。阮籍就经常和王戎一起去这家酒店喝酒。阮籍喝酒和一般人不一样，每

喝必求一醉。醉倒了怎么办呢？他就顺势往老板娘身边一躺，呼呼大睡。要知道，按照《礼记·曲礼》的规定，“男女不杂坐”，像阮籍这么睡在人家老婆身边绝对是违礼的行为。我们会想：你是真醉了，还是借酒撒疯，趁机揩油啊？老板娘的丈夫当然也很怀疑，就暗中不动声色地观察阮籍。后来发现阮籍的确是醉了，一脸天真，并无他意，也就随他去了。

我们会问：阮籍是不是喜欢老板娘呢？有可能。否则他不会经常去人家店里喝酒，而且一醉倒就躺在人家身边。但是，阮籍只是有点小浪漫，并没有坏心眼儿，整个过程虽然不合礼教，但也可以说纯真无邪。阮籍不过是想通过这样放达的行为，嘲弄一下那些被礼法名教紧紧束缚住的“套中人”，如此而已。

还有一个故事我觉得是很感人的。阮籍家附近有一个当兵的人家，养了一个女儿，长得不错，又有才识，可惜红颜薄命，年纪轻轻还没有嫁人就死了。阮籍和这家人素不相识，但他听说以后，径直闯到人家丧礼上，哭得稀里哗啦。哭完以后，也不打招呼，失魂落魄地回去了。

俗话说：人言可畏。一个未嫁女孩的葬礼上，一个素不相识的大男人在那里哭得一塌糊涂，这会给人怎样的联想呢？没准儿还会招来流言蜚语，甚至污言秽语。但是，阮籍全然不顾，尽情一哭。

是阮籍太幼稚，太放浪？还是阮籍这个人压根儿就有毛病，拎不清？

要我说，都不是。

率性而为，任情而动，自然而然，我行我素，悖礼越俗也在所不惜，千夫所指也不以为意，这恰恰是阮籍最具性情、最自然可爱的地方。

一个年轻的生命夭折了，就像一朵花还没有绽放就凋谢了，难道不值得为她悲痛吗？

阮籍不仅是为这个女孩哭，他是为所有的美丽都会暗淡而哭，为所有的繁华都会憔悴而哭，为所有的生命都会凋零而哭！

在阮籍大放悲声的那一刻，一切繁文缛节都显得矫揉造作。只有阮籍

在痛哭中体会到的生命的悲凉和孤独是真实的。

这不是小情小调，这是大悲大恸。

这不是怨天尤人，这是悲天悯人！

我们知道，中国古代的伦理道德有男尊女卑的传统。女性地位很低，关于男女的一套礼法教条中，几乎都包含着对女性的轻视，甚至歧视，至少没有给予和男人同样的尊重。而在阮籍心目中，女性却是值得亲近的，值得尊敬的，甚至是值得崇拜的。他的这种看似放浪的行为背后，其实包含着对礼教纲常的反叛，以及对弱势群体的同情和呵护。

从这个角度上说，阮籍简直是那些处于弱势的女性的“护花使者”。

中国古代文学经典中，真正把女性放在“人”的地位上加以表现和赞美的莫过于《红楼梦》。贾宝玉的形象看似有几分愚痴，却可以说是女性的知音。晴雯死了，他哭；金钏儿死了，他哭；鸳鸯死了，他哭。你看，贾宝玉的形象不是和阮籍一脉相承吗？而《红楼梦》的作者曹雪芹正是阮籍的“隔代粉丝”，他给自己取字“梦阮”，足见对阮籍的喜爱。

谁的眼泪在飞？无情男子何必垂泪？

因为爱，只有爱。

不是男女之爱，而是人间大爱！

千年之后，如果我们还不能理解阮籍，那不是阮籍的无奈，恰是我们的悲哀！

穷途之哭

其实，在这些放达行为的背后，阮籍是异常清醒的。

阮籍喜欢游山玩水。陆游诗云：“衣上征尘杂酒痕，远游无处不

销魂。”我想，阮籍踏上山水之旅的时候，大概也是那样一副姿态和心态吧。

有一次，阮籍来到河南荥阳东北的广武山。这里曾是楚汉战争的古战场。他爬到山顶，俯瞰着当年刘邦和项羽对峙的广武涧，百感交集，然后愤愤不平地说了一句话：“时无英雄，使竖子成名！”竖子，是对人的蔑称，犹言小子。意思是说：当时没有真正的英雄，所以让那些心术不正的家伙成就了功名！

这句话历来存有争议，有人认为“竖子”是指刘邦。也有人说阮籍是借古讽今、嘲讽司马氏。我以为，两者可以结合起来看，表面上看是嘲讽刘邦，实际上则是影射司马氏。因为无论如何，刘邦的天下是打下来的，还算是英雄豪杰，而司马氏则一味巧取豪夺，欺负人家孤儿寡母，难免胜之不武。

这个故事说明，阮籍表面上看似痴狂搞怪，实际却目光如炬，见识不凡，无论对历史还是对现实，都有着惊人的洞察力。

可是，这样一个眼里揉不进沙子的人，却偏偏被命运捉弄一次又一次，陷入权力斗争的漩涡中不能自拔。

古语云：“白沙在涅，与之俱黑。”阮籍可能会想：千年之后，人们只会看到我已漆黑一团，谁知我曾经洁白无瑕？

“众口铄金，积毁销骨。”明珠暗投之后，明珠还是明珠吗？

孔子说过：“匿怨而友其人，左丘明耻之，丘亦耻之。”意思是：掩藏自己对一个人的怨恨，而假装和他很友好，鲁国的贤人左丘明以之为耻，我孔丘也以之为耻。

现在阮籍在司马氏手下为官，不是“匿怨而友其人”又是什么？可想而知，熟读经书的阮籍，私下里不知道为自己羞耻过多少回了。

心性高洁，偏偏所遇非人；在乎名节，偏偏有可能声名狼藉。世上还有什么比这更痛苦的吗？

羞耻也好，痛苦也罢，总需要有一个发泄的渠道。于是我们看到，阮籍在放浪形骸的路上越走越远，直到山穷水尽。《晋书·阮籍传》记载，阮籍有一个离奇的爱好：

> 时率意独驾，不由径路，车迹所穷，辄痛哭而反。

阮籍经常一个人驾着车出门，也不走大路，任凭车马狂奔，跑到哪里是哪里。一直走到山穷水尽、无路可走的时候，才把车马停下来，然后对着天地、山野，扯开喉咙，放声恸哭！哭得排山倒海、酣畅淋漓！哭完了，尽兴了，这才调转车头，打道回府。

好笑吗？一点也不！

我敢说，如果我们真能听到阮籍那不顾一切的哭声，那撕心裂肺的哭声，那如丧考妣的哭声，我们不仅笑不出来，反而会和他一起哭！

孟子曾说过一句话："舍正路而不由，哀哉！"（《孟子·离娄上》）可是对阮籍而言，"正路"在哪里？

这个故事简直就是一个时代的寓言，正好印证了阮籍在那样一个乱世无路可走的悲剧性命运。

阮籍的"穷途之哭"，远比杨朱的"歧路之哭"更深刻、更痛苦、更绝望。杨朱只是为道路太多，可能误入歧途而痛哭。阮籍是已经走在歧途之上，而且已经到了无路可走的地步！

也许，还有一条路是可走的，那就是死亡。但是，阮籍又是一个特别珍爱生命的人，特别追求自然的人。在他看来，人的生命本于自然，保护生命的完整就是顺应自然之道。

——活得苦，活得累，又不能死，不愿死，这就是阮籍一生的悲剧所在。

好在阮籍还有一支笔，可以通过诗歌来发泄心中的愁苦。

我们知道，阮籍是当时首屈一指的大诗人，他的82首咏怀诗写得深沉幽怨，如泣如诉。打开中国文学史，很难找到像阮籍那样爱哭的诗人。

因为当时的政治太黑暗，阮籍的诗就写得很晦涩，很曲折，“言在耳目之内，情寄八荒之表”，以至于“百代之下，难以情测”。他的诗被后人称为“忧生之嗟”，字里行间寄托着很深的人生情怀，充满着感人至深的情感力量。比如《咏怀》其一这样写道：

夜中不能寐，起坐弹鸣琴。薄帷鉴明月，清风吹我襟。
孤鸿号外野，翔鸟鸣北林。徘徊将何见，忧思独伤心。

此诗作于何时、何地，我们不清楚。但是，诗歌有着极强的象征色彩，仿佛是诗人在那样一个乱世的精神写照，诗中所传达的那份大孤独和大悲伤，分外真实，触目惊心。

王国维先生在《人间词话》中把词的境界分成两种：一种是“有我之境”，一种是“无我之境”。“有我之境”是“以我观物，故物皆着我之色彩”。“无我之境”是“以物观物，故不知何者为我，何者为物”。由此看来，阮籍的这首诗所写的便是一种“有我之境”。诗中的几个关键词“夜”“我”“孤”“独”，一语双关，情景交融，物我合一，给人以丰富的联想。

阮籍还在诗歌中表现出对人生苦短、忧患苦多的焦虑和恐惧。如《咏怀》其三：

嘉树下成蹊，东园桃与李。秋风吹飞藿，零落从此始。
繁华有憔悴，堂上生荆杞。驱马舍之去，去上西山趾。
一身不自保，何况恋妻子。凝霜被野草，岁暮亦云已。

青春易逝，生命无常。连身家性命都无暇自保，哪里还能顾得上妻子和孩子？这绝不是无病呻吟，而是真实的写照。在《咏怀》第33首中他又写道：

一日复一夕，一夕复一朝。颜色改平常，精神自损消。
胸中怀汤火，变化故相招。万事无穷极，知谋苦不饶。
但恐须臾间，魂气随风飘。终身履薄冰，谁知我心焦！

这首诗写作的时间也不清楚，大概写于阮籍晚年。整首诗把阮籍在司马氏统治之下，度日如年，年华老去，忧心如焚，如履薄冰，生命朝不保夕，死亡如影随形的恐怖和焦虑，入木三分地表达出来，给人一种沉重的压抑甚至是窒息之感。

读阮籍的诗，常常让我想起曹雪芹的《红楼梦》，想起他那首著名的诗——

满纸荒唐言，一把辛酸泪。都云作者痴，谁解其中味！

阮籍这个人，可以说是中国古代知识分子在暴政机器压榨之下苟延残喘的一个“活标本”。

我常常为他伤感，因为他承受着常人难以承受的痛苦。

我也常常为他庆幸，因为他手里握着一支常人无法企及的如椽大笔。

通过这支笔，阮籍赎回了自己。

他活过，爱过，写过。

所以，他的形象虽然痛苦，却格外动人。

司马懿之死

那么，阮籍的命运能不能改变呢？

那就要看这种令人窒息的白色恐怖会不会改变了。

转机何时出现呢？那就得看司马懿什么时候死了。

好在，这一天不用等太久。阮籍进入司马懿幕府两年之后，嘉平三年（251）八月，也就是高平陵事变之后两年半，司马懿死于洛阳。

怎么死的呢？一是年老体衰，这是自然规律，谁都不能豁免。二是受噩梦惊吓。确切说，司马懿是被一位曹魏老臣的冤魂吓死的。

是谁吓死了司马懿呢？说起来也是个实权派人物，他的名字叫——王凌。

王凌其人，论资格，不在司马懿之下，论年龄，还比司马懿大8岁。早在曹操时代，王凌就任丞相府主簿，是曹操秘书班子的成员。曹丕和曹叡的时代，他又先后担任过好几个州的刺史，可以说是方面大员、一方诸侯。曹芳登基后，王凌历任车骑将军、司空、太尉，位至三公。更值得注意的是，王凌还手握重兵，长期镇守淮南重镇寿春（今安徽寿县），在曹魏一朝地位举足轻重。王凌和司马懿是老相识、老交情，知根知底，都以曹魏忠臣自居。

但是，高平陵之变后，王凌发现司马懿已有篡位之心。当时皇帝曹芳已经20岁了，仍然是司马懿手中的一个傀儡。每到有大事需要决断的时

侯，请司马懿上朝议政，他就以老病为由推脱。曹芳没办法，只好亲自到司马懿府中请教咨询。

可以说，这时的司马懿，不是太上皇，胜似太上皇。

天子暗弱无能，只好不断地给司马氏加官晋爵，拜将封侯，甚至还给司马懿加“九锡之礼”。所谓九锡（“锡”通“赐”），就是天子赐给诸侯或有特殊功勋的大臣的九种礼器，在古代，那是最高礼遇的表示。天子赏赐这九种礼器，不仅是物质奖励，更是一种权力的象征。当年王莽、曹操、孙权等都接受过九锡之礼。一个大臣如果被加九锡，就意味着你已经功高盖主，如果大臣接受了九锡，往往紧跟着就会篡逆夺权。

司马懿有没有接受皇帝的九锡之礼呢？

没有。因为他觉得时机尚不成熟。但整个篡位夺权的态势已经昭然若揭。这当然让以曹魏忠臣自居的王凌感到“是可忍孰不可忍”。

于是，王凌暗中和自己的外甥、时任兖州刺史的令狐愚密谋，准备立曹操的儿子、楚王曹彪为帝，换掉被司马懿操控的傀儡皇帝曹芳。所以我们说，在曹爽集团被剿灭之后，曹马之争依然存在。但其重心，则发生了变化，成了拥曹的大臣联合曹魏宗室与司马氏家族之间的斗争。

司马懿消灭了曹爽之后，要面对的一个最大的对手，就是兵权在握的王凌。

但是，皇帝的废立可是天大的事情，弄不好就是谋反，是灭九族的死罪。王凌当时已经年近八十，他拼着老命冒这个险，足可看出他对曹魏的忠诚和对司马氏的反感。

王凌的计划不可谓不周密。一方面，他让令狐愚派人与楚王曹彪取得联系。曹彪对这个计划表示默认。另一方面，王凌又派人到洛阳，与儿子王广商议起兵大事。王广是个明白人，他分析了京城的情况，认为司马氏现在位高权重，就劝王凌不要轻举妄动。事不凑巧，没过多久，主谋之一的令狐愚竟然病死了。继任令狐愚兖州刺史的名叫黄华。王凌千不该万不

该，不该把黄华当成死去的外甥令狐愚，他竟然派部将与黄华联系，告知废立皇帝的计划。黄华也不傻，立马把这个天大的阴谋报告给司马懿。

司马懿一听，大怒。立即率领大军走水路前来讨伐王凌。当然，事前还是使了诈，先赦免王凌之罪，好言抚慰，让王凌放弃抵抗。王凌信以为真，就乘小船来迎接司马懿，以示诚意。没想到，小船还没靠近，司马懿却让人挡住王凌的船，保持十余丈的距离。

王凌一看，知道司马懿不会放过自己，就说：“卿负我！”言下之意，你说话不算话！司马懿说：“我宁负卿，不负国家！”这句话从司马懿口中说出来，实在有些黑色幽默。

“窃钩者诛，窃国者侯。”窃国大盗最爱扮演的就是爱国志士。

法国大革命时期的政治家罗兰夫人有句名言：“自由，自由，多少罪恶假汝之名以行！”

看到司马懿的表演，这话也可以这么说：“国家，国家，多少罪恶假汝之名以行！”

王凌还不死心，心想我虽然有计划，毕竟没实施啊，是生是死还不是你司马懿一句话。于是他就试探性地问司马懿：看来我难逃一死，请太傅赐给我几支钉棺材的钉子吧。没想到司马懿当即就让人把钉子给他。然后派几百人的一支部队遣送王凌回京治罪。

王凌万念俱灰，走到项县（今河南沈丘）的时候，饮鸩而死，服毒自杀了！

司马懿率领大军开进寿春城，顺藤摸瓜，将所有参与谋划的人全部处死，并夷三族。作为同案犯，楚王曹彪也被赐死。接着，王凌、令狐愚的坟墓被挖开，剖棺暴尸三日。王凌的儿子王广也被株连杀害。

这次清剿，又有数百人丧命。司马懿真是丧心病狂，杀红了眼。

不过，王凌虽然没有干成大事，却也给司马懿一个重创。王凌以八十高龄仍然奋起余勇，要和司马懿决一死战，这给司马懿敲响了警钟。司马

懿明白，虽然他现在拥有生杀予夺的大权，但道义并不在自己这边，亲曹拥曹、反对司马氏的势力仍然很强大，随时可以联合起来，给自己致命一击。

为了防止曹魏宗室和大臣再度联手，司马懿一不做二不休，干脆下令把曹魏的诸侯王公全部拘捕，押解到邺城，软禁起来，并派专人监视，不准他们互相交结往来。

尽管如此，司马懿仍然心有余悸。这年八月的一天，73岁的司马懿梦到王凌向他索命，吓得灵魂出窍，不久就一命呜呼。

司马懿的暴死正应了一句老话：多行不义必自毙。

那么，司马懿死后，阮籍是不是可以逃脱牢笼，获得自由呢?

第八章　黑云压城

赶羊入圈

高平陵之变后，竹林七贤的核心人物阮籍被司马懿招至麾下，担任从事中郎。两年之后，司马懿受到王凌事件的打击和惊吓，于嘉平三年（251）八月，暴死于洛阳，终年73岁。

按理说，司马懿死了，对阮籍来说是个天大的好事。用今天的话说，“用人单位”都不存在了，不就等于“工作合同”自动解除了吗？我们现在这么想，估计阮籍当时也这么想。因为那种寄人篱下、仰人鼻息、担惊受怕、如履薄冰的日子实在不是人过的！

所以，尽管史书没有记载，但我估计，司马懿死后，阮籍肯定是打定主意，从此就自动消失，再不用到司马家去“白领”那份薪水了！

但是，《晋书·阮籍传》偏偏记载了这样一句话：

> 及帝崩，复为景帝大司马从事中郎。

第一个“帝”是指司马懿，后面“景帝”则是指司马懿的长子司马师。也就是说，司马懿刚死，子承父业的司马师就又把阮籍召回来了，还是做那个挂名的闲差——从事中郎。

这句话很让人泄气，但又是白纸黑字，铁案如山。

我们忍不住要问：阮籍当年不敢拒绝司马懿尚且可以理解，为什么他连司马师也不敢拒绝呢？

这就说到司马师到底是个怎样的人了。

俗话说：有其父必有其子。司马师也不是等闲之辈。他虽然算不上雄才大略，至少也是一个对魏晋政局产生重大影响的人物，他的所作所为曾

为司马氏的进一步篡夺打下了基础。如果站在司马氏的立场上，司马师可以说是他们家族得天下的第二号功臣。

根据《晋书·景帝纪》的记载，司马师“雅有风彩，沉毅多大略”。而且年轻时就有美誉，和大名士夏侯玄、何晏齐名。司马师还是个孝子，他的母亲张春华去世，他在守孝时，恪守人子之道，留下一个孝子的名声。

古语说：“求忠臣必于孝子之门。”但是，司马师这个孝子却非忠臣而是逆臣，可见有些老话常常经不起事实的检验。

司马师深得司马懿真传，城府很深，善于搞阴谋诡计。他最能理解父亲司马懿的野心，很早时候就开始做准备。我们前面讲过，司马师在高平陵之变前就暗中豢养、训练死士三千人，散在人间，到发动政变时，他一呼百应，这支部队仿佛从天而降，给了曹爽集团致命一击。

司马师养死士这个事，想必阮籍是知道的。死士是干什么的？死士就是敢死队啊，不仅自己敢死，关键时候也敢叫人死。那你说，敢死队的头子是不是很可怕？

还有一个细节也很能看出司马师的为人。司马懿发动高平陵政变，做事是非常谨慎机密的。他的两个儿子中，只有司马师参与了谋划，次子司马昭则毫不知情。直到发动政变的前夜，司马懿才把这天大的秘密告诉司马昭。

这天夜里，司马懿派人去观察两个儿子的表现。发现司马师当晚镇定自若，像平常一样安然入睡，而司马昭，却辗转反侧，担心得整晚都睡不着。第二天，司马师在司马门前集合军队，指挥若定，有条不紊。司马懿看了不禁感叹：“这小子还真行！”也许从那一刻起，司马懿就已经把这个儿子当作了自己的接班人。

司马懿死后，司马师子承父业，顺理成章成了一人之下万人之上的辅政大臣。

嘉平四年（252）正月，司马师由抚军大将军升任大将军，又加封侍中一职，同时又持节、都督中外诸军事、录尚书事，将军政大权集于一身，真正成了“里里外外一把手”。这时司马师也不过45岁，正当壮年。他也像司马懿一样，开始整顿吏治，招揽人才。

而且，他在手段的强硬程度上比司马懿有过之而无不及。有证据吗？当然有。

比如，上党有个叫李喜的名士，很有德行才干。当年司马懿曾经征召他做自己的属官，李喜以生病为由坚决不干。后来司马师当了大将军之后，很想拔下父亲留下的这面人才“白旗”，于是就下令让李喜来做自己的从事中郎。没想到李喜很快就来赴任了。司马师见了李喜，就问他：“当年家父召你出来做官，你坚决不干，为什么我召你，你就来了？”这个李喜果然是个高人，他不卑不亢地说：“道理很简单。令尊当年召我，是以礼相待，所以我才能以礼进退；现在明公您召我，是以法见绳，我害怕被法办，所以不敢不来。”

这个故事说明，司马师招揽人才，比司马懿做得更绝，“说你行你就行，不行也行”，说一不二，绝不客气。

以阮籍和司马氏家的老关系，他虽然不至于受到什么威胁，但是，既然司马懿的从事中郎都做了，就更没有理由拒绝司马师了。因为阮籍知道，对于一个刚刚掌握绝对权力的人而言，最要紧的就是树立权威，建立威权。在这种情况下，任何方式的质疑都会引起他极大的反弹。而权威一旦树立，就会极度膨胀，任何一种疏远或不合作都会被当作一种挑衅，甚至是挑战。

正是在这样一种微妙的政治氛围中，阮籍又一次做了他最不愿意做的事——进入司马师的幕府，做了从事中郎。

愿者上钩

阮籍进入司马师的幕府之后不久，嘉平四年（252），竹林七贤的另外一个核心人物也自投罗网来了。

谁呢？就是我们熟悉的山涛。《晋书·山涛传》记载：

（涛）与宣穆后有中表亲，是以见景帝。

宣穆皇后，就是司马懿的夫人张春华。这说明和阮籍被迫就职不一样，山涛是主动求见的，而且是利用了和张春华有中表亲戚这样一层裙带关系。山涛比司马师大3岁，也就是说，他是以大将军司马师的大表哥的身份来求见的。所以，说山涛自投罗网还不够确切，应该叫愿者上钩。

说到这里，我们要澄清一个偏见。

我们习惯上总是把竹林七贤当作一个隐士群体，实际上并非那么简单。因为竹林七贤的每个人都或早或晚地做过官，有的仕魏，有的仕晋，都不能算是严格意义上的隐士。竹林七贤中，像嵇康、阮籍大概属于一类，他们深受道家思想的影响，一向把隐居作为自己的理想。而山涛则不同，他是有政治抱负的，是不得已才隐居，只要有机会，他还是希望从政，干一番事业。至于王戎，参加竹林之游时年纪尚轻，只是跟着一起玩，谈不上以隐居为志向。所以山涛和王戎后来不仅做了官，而且官运亨通，最后都位至三公。而刘伶、阮咸、向秀等人，只是随心所欲，顺其自然，并没有十分鲜明的政治立场。

所以，单纯把竹林七贤看作一个志同道合的隐士群体显然与事实不符。要我说，他们只是一帮曾经在一起有过交游的好朋友，并不属于同一

个政治利益集团，每个人都保持着自己的相对独立性。像阮籍和山涛到司马氏幕府中做官，对于竹林七贤的其他人来说，并不意味着政治上或者友谊上的背叛，私下里，他们仍然是好朋友。

问题是，山涛为什么会主动投靠司马师呢？

我个人认为，这是因为山涛当时也承担着相当大的压力。主要有两种压力：

一种是外部压力。

当时，曹爽的势力被消灭，司马氏一手遮天，以前的“站队”问题已经不存在了，剩下的只是一个“归队”问题。司马氏好像一只牧羊犬，在做一个“赶羊入圈”的游戏。一方面，他们镇压那些不愿意依附的异己力量，比如王凌等人最终都死于非命；另一方面，他们也不断地在笼络人心，请君入彀，比如像李喜那样散落在民间的名士就迫于压力接受了任命，而像阮籍这样的司马氏家的旧臣，也像遗产一样被司马师子承父业地“继承”下来。

这种政策其实就是“大棒加胡萝卜”。

那么，像山涛这样曾经站错队，而且还是司马氏家表亲的人，他还能安安稳稳地隐居吗？司马懿活着的时候山涛不出来，是因为司马懿没有把他放在眼里，没有主动征召他。现在司马懿死了，司马师执政，难道还要他三请四请才肯出山吗？你山涛也太牛了吧？你是想吃胡萝卜还是大棒？这是一种来自外部的压力。

另一种是内部压力。

我们知道，山涛虽然曾经隐居多年，但他素有政治抱负，曾跟妻子韩氏夸下海口，将来一定能够做上三公。君子一言，快马一鞭。山涛不能说话不算话。既然是承诺，就一定要兑现。这是内部压力之一——家庭压力。

还有一个内部压力来自山涛自己。山涛40岁才踏上仕途，曾经有过

三四年的从政经历，后来弃官归隐。一晃又是四年过去，此时的山涛已经48岁，用今天的话说，都“奔五”了！生命已经过了大半。那些圣贤的教诲，励志的格言，什么“五十而知天命”啊，“四十、五十而无闻，斯亦不足畏也已”啊，“君子疾没世而名不称焉”啊等等，每天都在耳边回荡，能不闹心吗？人生苦短，时不我待。山涛实在不能再等了！

另外，我以为，促使山涛摆脱各种各样的顾虑，主动自荐，可能还有一个很重要的原因。那就是，山涛经过对当时的政治局势的审慎分析、判断，最后得出一个结论——现在曹魏皇室每况愈下，已经日薄西山，而司马氏的势力越来越强大，不久的将来，一定会形成禅代的局面，这是一个难以扭转的历史大趋势。也就是说，曹马之争最终会以司马氏的篡权而告终。

思前想后，满怀一身抱负的山涛最终选择了主动“归队”。

司马师见山涛来投奔，当然很高兴，毕竟山涛也是一位名士，又是大表哥。山涛的投靠又给司马氏的政治天平增添了一个砝码。当时司马师说了一句很有意味的话，这话也被记载在史书中。司马师说：“吕望欲仕邪？”——吕望也要出来做官了吗？

吕望，就是大名鼎鼎的姜尚——姜子牙。传说姜子牙80岁的时候还没有得到重用，就隐居在渭水之滨，天天垂钓。他钓鱼的鱼钩是直的，而且没有鱼饵，一边钓还一边自言自语：“姜太公钓鱼，愿者上钩。”周文王听说姜子牙是个贤人，就非常谦恭地沐浴斋戒，准备厚礼，请他出山。后来姜子牙果然辅佐周文王振兴了西周，又帮助周武王打败了商纣王，建立了周王朝。周朝建立后，姜子牙被分封到齐国，成为齐国的始祖。

可以说，吕望是中国古代非常杰出的政治家和军事家。司马师把山涛当作吕望，表明他对山涛的智慧及才干非常欣赏和重视。同时，也委婉地表达了一种希望，就是希望山涛也能像吕望辅佐文王、武王一样，辅佐司

马氏建立新的王朝。

这显然是把山涛当作了“自家人”。

很快，司马师就命令司隶校尉察举山涛为秀才。有了秀才的身份，山涛就顺理成章地做了郎中。从此以后，山涛进入了仕途的“快车道”，历任要职，成为司马氏集团的一个重要人物。

现在，竹林七贤的两位核心人物，不管是被动还是自愿，都已经被司马氏网罗了。那么，竹林七贤的另一位核心人物嵇康的命运如何呢？

不用说，嵇康的日子很不好过。高平陵之变后曹魏政权名存实亡，皇帝沦为傀儡，嵇康作为曹家的女婿，心情可想而知。何晏是嵇康妻子长乐亭主的姑父，他的被杀嵇康不可能无动于衷。如果妻子经常哭哭啼啼，以泪洗面，做丈夫的何以自安？

特别是，司马师执政时间虽短，却把屠刀磨得更快，狼子野心昭然若揭。最终，一向怀有隐居之志的嵇康骨子里的英雄热血被激发了出来，他竟一度铤而走险，想要起兵以暴抗暴。

嵇康为什么要铤而走险？这次行动的结果如何呢？这就要从夏侯玄事件说起。

夏侯玄事件

夏侯玄何许人也？说起来可是大名鼎鼎。他是三国名将夏侯尚之子，母亲曹氏是曹操的养子、前大将军曹真的妹妹，也就是曹爽的姑姑，所以夏侯玄和曹爽是姑表兄弟。夏侯玄还是三国时著名的玄学家，正始年间与何晏、王弼齐名，被称为“正始名士”。而且夏侯玄长得一表人才，玉树

临风，是当时著名的帅哥，在政坛、学界都是一呼百应的人物。

在政治上，夏侯玄本来是曹爽一系的人，被曹爽提拔为征西将军。当年曹爽西征蜀国，大败而归，他也是主要统帅。夏侯玄很有政治才干，曾与司马懿讨论过治国方略，说得头头是道，深得司马懿的欣赏。高平陵事变发生时，由于和曹爽的关系，夏侯玄一度很紧张。后来他被剥夺兵权，回到京城做官的时候，一直非常低调，几乎断绝了以前的交游，怕的就是引起司马氏的猜忌。

司马懿死后，有朋友对夏侯玄说："这下你不用再担心了！"夏侯玄却长叹一声说："你有所不知啊，司马懿尚且可以把我当作晚辈看待，只怕司马师、司马昭二兄弟不会容我啊！"

按说，夏侯玄如此知己知彼，应该继续低调下去。但是随着司马师篡逆之心越来越大白于天下，加上几个死党的怂恿，终于让夏侯玄死灰复燃，成为司马师的头号政敌。

正元元年（254）正月，当时的中书令李丰，就是那位见了司马懿吓得双脚发软、动弹不得的名士，向司马师发起了挑战。李丰的儿子李韬娶了公主，所以他可以算得上曹魏的皇亲国戚。另外还有一个大臣，名叫张缉，他是当朝皇后的父亲、皇帝的岳父，时任光禄大夫。这两个人早就不满司马师的飞扬跋扈，又加上这样一种特殊的身份，当然觉得匡复皇室，舍我其谁？于是他们就与三个皇帝的近臣苏铄、乐敦和刘贤密谋，要在一次重大的典礼中，杀掉司马师，拥戴夏侯玄继任大将军。

所以，严格说来，夏侯玄事件是新一轮曹马之争。不过这一次，游戏升级了，当朝皇帝、已经25岁的曹芳亲自参与了推翻司马师的密谋。因为做傀儡皇帝的滋味实在太难受了！

但是，世上没有不透风的墙，司马师耳目众多，他养的那些死士可不是吃干饭的。这事很快就被他发觉了。于是他派一个武功高强的死士去

请李丰。李丰不知有诈，就随此人到府中相见。司马师毫不手软，一声令下，手下的勇士便冲上去，将李丰乱刀砍死。

接下来，司马师又大开杀戒，将夏侯玄、张缉、苏铄、乐敦、刘贤等人悉数抓捕，以“谋诛良辅”“颠危社稷”的罪名全部杀害，灭了三族。

这次杀戮告诉我们，司马师之残忍狠毒，绝不在乃父之下！

为什么这么说？因为夏侯玄和司马师不是一般的关系，他曾是司马师的大舅子！

夏侯玄有个妹妹，叫夏侯徽，18岁的时候嫁给了司马师，是司马师的第一任妻子，和司马师生了五个女儿。夏侯徽是个很有见识的女子，一开始司马师每有大事，她都参与筹划。时间长了，司马师对夏侯徽越来越忌惮。毕竟她是曹家的外甥女，分明是个潜伏在自己家的“卧底”啊！后来夏侯徽也发现，司马氏父子绝非大魏忠臣，而是暗怀二心，这样一来，司马师当然就更容不下她了。

魏明帝青龙二年（234），夏侯徽莫名其妙地死于鸩毒，年仅24岁。到底凶手是谁？史书没有明说。我以为，司马氏父子恐怕难脱干系！

因为这层关系，当夏侯玄被抓治罪时，司马昭流着泪为夏侯玄求情。司马师眼一瞪，说：“你忘记赵司空葬礼上的事了吗？”原来，不久前司马师兄弟参加了司空赵俨的葬礼，当时前来吊唁的宾客有一百多人。夏侯玄来得比较晚，但是他一到场，所有的宾客都从席位上站起来纷纷前去迎接，简直众星捧月一般。这一幕让司马师怀恨在心。杀掉夏侯玄，就等于除掉了一个心腹大患。

夏侯玄是个非常有贵族气质和英雄气概的人。被抓以后，严刑拷打，威逼利诱，对他都毫无作用。最后被拉到洛阳东市的刑场上时，他面色不改，举止自若，慷慨赴难。

夏侯玄死时，年仅46岁。

敢把皇帝拉下马

但是事情还没完。夏侯玄事件就像一条导火索，很快就引发了一个“政治后遗症”。

我们说过，皇帝曹芳不是也参与了谋划吗？司马师那个气啊！连杀掉皇帝的心都有，但是杀皇帝不是那么容易的。那就退而求其次，废掉皇帝！

在中国古代的政治斗争中，一旦权臣有了篡逆之心，就会擅兴废立，把一个不听话的皇帝废掉，换上一个年纪小或好控制的皇帝，好让这个皇帝成为自己的玩偶。

公元254年农历九月，司马师假托太后诏令，以大逆不道、淫乱后宫、败坏人伦、不理朝政等罪名，废掉了皇帝曹芳，贬为原来的齐王，遣送回他的封地齐国。

俗话说：国不可一日无君。废掉曹芳之后，司马师提议，立曹操的一个儿子、彭城王曹据为帝。这个动议遭到了太后的一票否决。理由是论辈分，曹据还是先帝曹叡的叔父，让叔父继承侄子的皇位，岂不乱套了？

太后提出一个人选，立明帝的弟弟东海定王曹霖的儿子、高贵乡公曹髦为帝。司马师开始不同意，但最终说服不了太后，不得不依允。

这番博弈，曹马两家各有让步，但总的来说还是司马师占了上风。

于是，不到14岁的曹髦就登上了皇位，成了大魏朝的第四个皇帝。年号由嘉平改为正元。

废立皇帝可以说是夏侯玄事件的“后遗症”。但是，紧接着，“后遗症”又引发了“并发症”。曹马之争又一次由宫廷政变引爆了军事叛乱。也就是说，司马师“敢把皇帝拉下马”的举动，又引起了亲曹势力新一轮的反抗浪潮。

司马师之死

新皇帝登基不到三个月，正元二年（255）正月，在淮南，也就是王凌当年的根据地，又发生了一次兵变。为首的是镇东大将军毌（guàn）丘俭、扬州刺史文钦。

这次起兵的地点还是在寿春，但性质大不相同。这一次，两位主帅把四个儿子先送到吴国做人质，希望得到吴国的援助。吴国也答应了。然后，毌丘俭、文钦就亲自率领五六万大军讨伐司马氏，渡过淮水，向西挺进中原，在项县驻扎下来。

司马师当然如临大敌。他留下司马昭镇守洛阳，自己亲率大军，带病出征，并召三方兵马向项县开进，驻扎于汝阳。

不能不说，司马师还是很会打仗的。他分兵三路，先派遣镇南将军诸葛诞率军占领东南门户寿春，以切断吴军的援助。又令征东将军胡遵领军出击谯国、宋国之间，切断毌丘俭的退路。同时又派兖州刺史邓艾进军乐嘉（今河南项城西北），诱敌深入。三路兵马对毌丘俭、文钦形成合围之势，最后很快平定了这次叛乱。

结果是，毌丘俭兵败被杀，文钦败走吴国。他们的家族留在魏国的全被斩草除根。

司马师似乎是在和司马懿比赛：司马懿发动了高平陵政变，剿灭了曹爽一伙；司马师是粉碎了李丰发动的政变，杀了夏侯玄等人；司马懿平定了王凌、令狐愚的叛乱，司马师也不甘示弱，粉碎了毌丘俭、文钦的叛乱。

父子二人，半斤八两，都是杀人的高手。

不过，老天还算有眼。这父子二人每平定一次叛乱，胜利的滋味还没尝够，就要去品尝死亡的滋味了。而且，不是好死，而是暴卒。

毌丘俭的叛乱虽然被镇压，但也有一个重大收获，那就是直接导致了司马师的死亡。

史书上说，司马师出征前就患有瘤疾，眼睛上长了一个瘤子。是良性还是恶性我们不清楚，只知道刚刚做过切除手术，伤口溃烂，红肿流脓。这为司马师的死亡埋下了伏笔。

在战争过程中，有一次，文钦的儿子，年仅18岁的文鸯，带领一支部队前来偷袭。文鸯年纪虽小，却武功高强，英勇无敌，他冲进司马师的军营，左冲右突，如入无人之境。司马师被他打了个措手不及，惊吓过度，一着急，眼珠子竟然迸出了眼眶！

我想，司马师的眼珠子之所以“夺眶而出”，大概因为他早已“恶贯满盈”！

俗话说：善有善报，恶有恶报。不是不报，时候未到。时候若到，一定要报。

果然，在平定了叛乱，大军班师回朝的途中，司马师痛死在许昌，时年48岁。

那么，这一切和嵇康又有什么关系呢？

我们先来看看郭颁《世语》中的一则史料：

> *毌丘俭反，康有力，且欲起兵应之。*（《三国志·王粲传》裴松之注引）

说毌丘俭在淮南起兵的时候，嵇康也有一定的实力，想要起兵响应。

这个记载可以说是嵇康研究中的一个谜团。由于缺乏其他文献的支持，学者们多以为不可信。因为大家可能觉得，嵇康一介书生，哪来的军

事力量呢？

但是，我以为，我们不能因为材料有限就武断地怀疑史料的记载。

首先，嵇康是曹家的女婿，又曾在京城任职，和皇室应该有很深的关系。如果需要，他作为皇室反抗司马氏的代理人，不是没有可能。

其次，嵇康的性格和阮籍不同。《三国志·王粲传》说："谯郡嵇康，文辞壮丽，好言老庄，而尚奇任侠。"由"尚奇任侠"一语可知，嵇康并非文弱书生，很可能是文武双全，很有侠义之气的豪杰人物。嵇康不是和向秀经常打铁吗？谁能说他们打造的铁器里面一定没有兵器呢？

第三，当时毌丘俭在淮南起兵，司马师带兵出征，京城只有司马昭留守，后方空虚，战略上正是一个避实击虚的最佳时机。这对嵇康来说，不能说不是一个巨大的诱惑。

所以，我觉得这个记载绝非无中生有，空穴来风。

不过，学者们的怀疑也并非没有道理，一个最有力的证据就是，嵇康的这次铤而走险最终不了了之，并没有一个让人确信的结果。

为什么没有结果？

因为有人阻止了他。

是谁阻止了嵇康呢？

不是别人，正是竹林七贤的老大哥山涛。前引《世语》紧接着记载：

> （康）以问山涛，涛曰："不可。"俭亦已败。

嵇康把想要起兵响应毌丘俭的打算找山涛去商量。山涛却说：此事绝不可行。果然不久，毌丘俭、文钦也就兵败如山倒。

山涛毕竟是山涛。他再一次证明了他的度量之准，见识之高。

那么，这件事对嵇康有没有带来危险？司马昭上台之后，竹林七贤的命运又会发生怎样的改变呢？

第九章　醉翁之意不在酒

烽烟再起

毌丘俭、文钦的叛乱虽然没有成功，却导致了司马氏二号人物司马师的暴亡。这是这次兵变的意外收获。

司马师死后，司马昭上台了。我们关心的是，在两次真刀真枪的兵变被扑灭之后，曹马之争是否还会继续？

答案是：当然会继续。不仅会继续，而且愈演愈烈。

司马昭上台的第二年，即公元256年，“正元”这个年号也不用了，改为“甘露”。甘露二年（257）五月，还是在淮南，又发生了一次兵变。

这一次叛乱，领头的不是别人，而是在镇压毌丘俭、文钦叛乱中立功的功臣诸葛诞。

诸葛诞这个人大有来头。三国时，诸葛家出了三兄弟，各事一国：诸葛亮事蜀，其兄诸葛瑾事吴，他们的族弟诸葛诞事魏。当时人称：

> 蜀得其龙，吴得其虎，魏得其狗。（《世说新语·品藻》）

诸葛诞虽不如他的两个兄长，但比上不足，比下有余。在魏国，他也是个了不得的人物。因为平叛有功，诸葛诞很快升任征东大将军，镇守淮南。但他因与被司马师杀掉的夏侯玄有旧，心里很不安，加上他对司马氏把持朝政也心怀不满，于是就开仓放粮，训练死士，收买人心，想要拥兵自重，割据一方。司马昭得到情报，非常忌惮，便以朝廷的名义召诸葛诞进京担任司空，其实是要剥夺他的兵权。

这样一来，诸葛诞更加紧张，索性孤注一掷，先把儿子送到吴国做人质，请求军事援助。然后一不做二不休，带兵据城造反。吴国很快就

给诸葛诞拜将封侯，加官晋爵，又派遣上次逃到吴国的文钦带兵三万前去支援。

诸葛诞的兵变虽有叛乱投吴的嫌疑，但本质上讲，还是对司马氏不满，属于曹马之争的又一个连锁反应。

司马昭知道这次必是一场恶战，就吸取司马师的教训，把皇帝曹髦和皇太后也带往前线。表面上是御驾亲征，鼓舞士气，其实，也是担心后院起火，想来个“挟天子以令诸侯”。

司马昭虽然不如他的父兄狠毒果断，但在狡猾阴损方面倒也不遑多让。

战争打了好几个月。正相持不下时，叛军发生内讧，诸葛诞杀了文钦。文钦的儿子文鸯为父报仇，攻打诸葛诞，攻城未果，于是投降司马昭。

甘露三年（258）二月，朝廷军队攻破寿春城，诸葛诞被杀，夷灭三族。

这三次大的军事叛乱，前后相继，而且都发生在淮南，历史上称作“淮南三叛”。

三次兵变，犹如间歇性癫痫，弄得整个国家气喘吁吁。政变和兵变，是曹马之争进入白热化的标志，也是曹魏天下风雨飘摇、走向衰亡的标志。

司马懿平定了王凌、令狐愚的叛乱，老命没了；

司马师平定了毌丘俭、文钦的叛乱，小命没了；

现在司马昭也平定了诸葛诞的叛乱，小命还在。

不能不说，司马昭运气好，他赶上了好时候。

曹马之争犹如一场马拉松接力赛，也像是“铁人三项”，看谁体力强，看谁耐力好。

这场接力赛，司马昭跑的是第三棒，体力正好，运势也不错。他这一跑，就是10年，到死也没跑到终点。

还好，等着接棒的不是别人，是他的大儿子司马炎。不过这又是后话了。

三驾马车

司马昭上台后，竹林七贤的三位核心人物，嵇康、山涛和阮籍的命运又将如何呢？

答案是：各不相同。

刚上台的司马昭也非常重视对士人的拉拢。对竹林七贤的三个核心人物，他都有所动作。

先说山涛。

我们前面说过，山涛在司马师执政时愿者上钩，接着就举秀才、除郎中。司马昭上台后，对这位大表哥也比较照顾。在此期间，山涛先是转到骠骑将军王昶府中，担任从事中郎。这个王昶，就是阮籍当年见了他整日不发一言的王昶，因镇压毌丘俭而升任骠骑将军。

不久，山涛又被派到赵国郡（治所在今河北邯郸），做了相当于太守的赵国相。这是山涛第一次担任地方行政长官。

过了一段时间，山涛又迁任尚书吏部郎。尚书吏部郎是个六品官，俸禄400石，隶属于吏部尚书。官阶虽然不高，但挺有实权，主要负责官吏的选拔、任免和调动等事务，对五品以下官员的任免有建议权。

山涛在尚书吏部郎的职位上盘桓数年，选拔官吏，才尽其用，政绩和口碑都不错。

再看嵇康。

嘉平（249—254）年间，嵇康主要在洛阳活动，要么在太学抄写石

经古文，要么和向秀一起打铁，撰写学术文章，在京师学术界已经颇有影响。司马昭上台后，听说嵇康的大名，也知道他的身份，当然不会放过。据孙盛《魏氏春秋》记载：

> 大将军尝欲辟康。康既有绝世之言，又从子不善，避之河东，或云避地。

这则记载表明，司马昭一上台，就曾表达过征召嵇康的意思。但是嵇康早就说过绝世隐居的话，加上他的一个侄子“不善”。怎么“不善”？我们不得而知。总之，几乎在司马昭上台之后不久，嵇康就离家出走，到地处山西的河东郡暂避起来了。“或云避地”四字，让我们联想到孔子“贤者辟世，其次辟地，其次辟色，其次辟言”那句话，表达的是一种“危邦不入，乱邦不居”的决绝之意。

我个人以为，“从子不善”可能是一个托词。嵇康避地河东前后约三年，最主要的原因就是为了摆脱司马昭的网罗。联想到他曾经想起兵响应毌丘俭的细节，这个行动甚至带点“畏罪潜逃”的意思。

这就是司马昭执政之初嵇康的状况。后面我们会看到，在那样一个乱世，真正的避世、避地是不可能做到的。嵇康终究要回来。只要你回来，你就必须做那道“二选一”的选择题，“顺我者昌，逆我者亡”。你就看着办吧！

再说阮籍。

我们知道，司马懿死后，阮籍又被司马师招致麾下，担任从事中郎。不过这个幕僚做了三年，阮籍就获得了一次重要的升迁。

正元元年（254），高贵乡公曹髦即位。阮籍因为名气大、才华高，被曹髦看中，封为关内侯，并调他到皇帝身边担任散骑常侍。竹林七贤中，阮籍是第一个被封侯的，也是最早进入皇宫任职的。

按说，近水楼台先得月，阮籍接近了皇帝，地位高了，应该更加从容自如才对。但事实并非如此。当时司马师一手遮天，曹髦虽然贵为天子，却毫无实权，加上年纪尚小，真是说啥啥不算。所以，阮籍在皇帝身边，反而成了虎视眈眈的司马氏的监控对象，处境更尴尬，也更危险。当年李丰、夏侯玄不就是因为和皇帝走得太近而身首异处的吗？前车之鉴，阮籍不能不考虑。

这时的阮籍，比在司马氏的幕府中还要矛盾和痛苦、焦虑和恐惧。《晋书·阮籍传》载：

> 籍本有济世志，属魏、晋之际，天下多故，名士少有全者，籍由是不与世事，遂酣饮为常。

这段话很有名。几乎一提到魏晋的政局，总会引用这段话。这段话出现在《阮籍传》中，足以说明阮籍对于他所处的时代的重要性。有人说："诗人是时代的敏感的触须。"阮籍就是魏晋时代的一根敏感的触须，时代的每一丝轻微的波动都会在这根触须上引起共鸣，发生共振。

"酣饮为常"四个字看似平常，实则苦不堪言。"酣饮"本不该"为常"，喝酒、醉酒本不该是一个人生活的常态。若成"常态"，则是一种"变态"。可阮籍就是要把醉酒当作常态，为什么？因为只有这样，他才能摆脱政治的高压，免遭杀身之祸！

司马昭上台后，对在皇帝身边的阮籍很不放心，千方百计拉拢阮籍。

有一次，司马昭派人到阮籍家里，向他提亲，要和阮籍做儿女亲家。因为阮籍有一个女儿尚未嫁人，司马昭就为自己的儿子司马炎，向阮籍家求婚。按说这是个攀龙附凤的好机会，一般名利之徒肯定会趋之若鹜。但是阮籍毕竟是阮籍，他才不愿为虎作伥，落下千载骂名。于是阮籍就天天喝酒，天天喝醉，每次提亲的人来，他都是烂醉如泥，胡言乱语，让你说

不出话来。阮籍醉酒的时间也是惊天地、泣鬼神，竟然连续大醉六十日！不用说，这门亲事最后也就不了了之。

大醉六十天，不是玩命是什么？当我们感叹阮籍创造了一个人类连续醉酒时间之最的时候，是否也能为他一掬同情之泪？

要知道，一个大醉六十天的人，他的心，该有多苦！他的胃，该有多累！

这件事让司马昭对阮籍更不放心了。毕竟阮籍只做过司马懿、司马师的从事中郎，理论上还从未与司马昭发生僚属关系。看着这个父兄"收编"过的大名士，一直与自己若即若离，是敌是友扑朔迷离，司马昭怎么能不着急？

于是司马昭派一个铁杆走狗和鹰犬前去刺探。谁呢？就是在三国历史上臭名昭著的钟会。钟会是三国大书法家钟繇（yáo）的儿子，才华很高，但心术不正，很早就投靠司马氏，成了司马氏的心腹。钟会接到这个特殊任务，就经常到阮籍家里刺探、摸底，总是拿当时发生的一些军政大事询问阮籍，看看阮籍有什么说法，赞成什么，反对什么，他好借此罗织罪名，整黑材料。

但是，他每次去阮籍家，阮籍都是酩酊大醉。最终钟会无功而返，阮籍化险为夷。

金蝉脱壳

俗话说：不怕贼偷，就怕贼惦记。置身于这样一种风声鹤唳、草木皆兵的"无物之阵"中，阮籍当然无法忍受。特别是，像钟会那样的小人，就像癞蛤蟆趴在脚背上——不咬人，但恶心人！

于是阮籍想了个金蝉脱壳之计。他向司马昭提出了一个外调申请。他对司马昭说："我曾经到东平游览过，喜欢那里的风土人情。"言下之意，如果让我到东平担任个地方官，我是不会拒绝的。

司马昭一听，非常高兴，马上拜阮籍为东平相。这是阮籍第一次请求做官，而且是到一个小地方做芝麻官，一般人肯定觉得不可思议。

但阮籍有阮籍的考虑。他这样做有两个好处：一是离开皇帝曹髦身边，让司马昭对自己放心；二是远离司马氏的监控，特别是离钟会那癞蛤蟆远远的。天高皇帝远，乐得自在！这叫"退一步海阔天空"。

紧接着，阮籍就骑一头毛驴，来到了东平郡。就是在这里，他干了一件让后人觉得挺了不起的事。《晋书·阮籍传》记载：阮籍一到东平，"坏府舍屏鄣，使内外相望，法令清简，旬日而还"。也就是说，阮籍在东平只做了一件事，就是把官府衙门中的墙壁和屏障都推倒，让衙门里面各个部门之间互相都看得见，就像今天公司写字楼里一格一格的办公间一样，既增加了透明度，又提高了办事效率。阮籍执法断案，清通简要，不搞繁文缛节，不搞形式主义，使当地风化为之一变。

十天之后，阮籍就打道回府了。任期奇短，效率奇高。阮籍的这种不拘格套的为官之道和那种只会搞政绩工程的官僚形成了鲜明对比，一时传为佳话。唐代大诗人李白就在诗歌中写道：

> 阮籍为太守，乘驴上东平。剖竹十日间，一朝风化清。（《赠闾丘宿松》）

为什么阮籍不好好在东平大干一番，偏要这么来也匆匆，去也匆匆呢？

我想，大概是阮籍原本无心于仕途，既然脱离苦海，那就得逍遥时且逍遥吧。

但是，司马昭大网恢恢，岂容漏网之鱼？阮籍从东平回到洛阳，还是没能摆脱司马昭的控制，很快又被召到大将军府担任从事中郎。绕了一圈，又被司马昭“收编”了。

不过，实事求是地说，司马昭对阮籍还算比较怀柔，甚至对阮籍的名士风度十分欣赏。所以，我们看到，在司马昭的手下，阮籍倒是可以干些别人干不了的事。

比如，阮籍听说步兵军营厨房的厨师善于酿酒，存了三百斛（hú）好酒，就又一次向司马氏提出外调申请。上次是调离曹髦身边，司马昭很高兴。这次是从大将军府调出，司马昭是什么态度呢？依旧很高兴。司马昭也许这么想：只要你不站在我的对立面，你爱怎么折腾就怎么折腾！

于是司马昭就任命阮籍为步兵校尉。步兵校尉是个四品官，差不多是阮籍一生所担任的最高也是最后一个官职，所以，阮籍又被称为“阮步兵”。但是，阮籍在步兵校尉任上实在也是“行政不作为”，最喜欢干的事，就是和刘伶在步兵军营的厨房中纵情饮酒，经常喝得酩酊大醉，人事不省。

总之，竹林七贤的三巨头，和司马氏的关系各不相同，代表了左、中、右三个立场：山涛是和光同尘，靠近司马氏；嵇康是剑走偏锋，远离司马氏；阮籍是不远不近，与司马氏若即若离。

就像是驶往不同方向的“三驾马车”，这三种选择，最终也导致了三种截然不同的人生结局。

守口如瓶

有趣的是，阮籍的这驾马车，经常醉酒驾驶，好几次都险些闹出“车祸”来。

司马昭执政期间，加紧了思想控制，一方面以当年辅佐周成王的周公自比；另一方面，鼓吹儒家的礼法名教，号称“以孝治天下”。

为什么不提倡“以忠治天下”呢？鲁迅先生说，是因为司马氏的政权是巧取豪夺而来，“若主张以忠治天下，他们的立脚点便不稳，办事便棘手，立论也难了，所以一定要‘以孝治天下’”（《魏晋风度及文章与药及酒之关系》）。不过谁都明白，古代的统治者鼓吹“孝”，最终还是为了宣扬“忠”。俗话说：上有好者，下必甚焉。当时朝野上下都奉行孝悌之道，还真出现了一批孝子贤孙、道德标兵。

对于这种虚伪的说教，阮籍非常反感，但又怕祸从口出，所以他恨不得给嘴巴贴上封条。人家和他说话，他一般都三缄其口，守口如瓶。久而久之，竟留下一个“谨慎”的名声。

有一次，司马昭和几个大臣讨论为官之道，提出了三个要素：一是清，二是慎，三是勤。司马昭说：“当官如果都能做到这三点，何愁天下不治？”说完又问大家：“这三要素，哪一个更重要呢？”有人说“清”最重要，有人说“勤”最重要，司马昭都不置可否。有个叫李秉的官员认为，“慎”最重要，一个人谨慎为官，自然容易成为清官。

司马昭很满意，就问他：“你能不能告诉我，当今之世，谁是最为谨慎的人呢？”李秉举了好多人，司马昭都摇头，最后公布答案说：“天下之至慎者，其唯阮嗣宗乎！每与之言，言及玄远，而未尝评论时事，臧否人物，可谓至慎乎！”（《世说新语》注引李秉《家诫》）意思是，普天之下，最谨慎的人莫过于阮籍了，每次和他谈话，他总是说得玄虚缥缈，从不评论时事，褒贬人物，真是谨慎至极啊！

司马昭的这段话，足以证明，阮籍的嘴巴果然戒备森严，“一夫当关，万夫莫开”！

当然，阮籍也有说漏嘴的时候。

有一次，阮籍在司马昭府中做客，碰巧司法部门的官吏前来报告，

说刚发生了一起儿子杀母的案件。这种案件对于“以孝治天下”的司马昭来讲，当然是要“严打”的大案、要案。没想到，阮籍一听，竟然说：“嘻！杀父还说得过去，怎么可以杀母呢？”

当时在座的有不少宾客，大家都瞪大眼睛，责怪阮籍失言。司马昭也没想到一向谨慎的阮籍竟然如此唐突，就质问说：“杀父，乃天下之极恶，你竟然以为可以吗？”

阮籍简直是为自己挖了一口语言的陷阱。大家都盯着他，看他怎么自圆其说。

阮籍怎么说的呢？恐怕很少有人想得到。阮籍不慌不忙地说：“禽兽只知有母，而不知有父。杀父，等同于禽兽；杀母嘛，连禽兽都不如！”

大家一听，无不心悦诚服。一场危机就这么化于无形。

可见，阮籍对于什么话不该说、什么话可以说、怎么说才能既骇人听闻又不至祸从口出，是有过精密研究的，分寸、火候把握得非常到位！

每次读到这些故事，我总是分外伤感。为那个“万马齐喑究可哀”的时代，也为有话不能好好说的阮籍。

我想起两位现代学者的名言。一位是现代著名经济学家、《资本论》的翻译者王亚南先生，他在民国时候说过一句话：“专制制度下只有两种人：一种是哑子，一种是骗子。我看今天的中国就是少数骗子在统治多数哑子。”

另一位是著名学者雷海宗先生，他说了一句更有杀伤力的话：“中国知识分子一言不发的本领在全世界的历史上，可以考第一名。”

我不知道雷先生这样说的时候，是否想到了阮籍。但毋庸置疑，阮籍的明哲保身和守口如瓶，在中国历史上的确是有名的。

那么，我们该怎么看待阮籍的明哲保身呢？

我们说，在阮籍身处的那个专制独裁时代，人，与其说是有尊严的人，不如说是没有生命保障的人质。阮籍，就是司马氏的一名“体面的人质”。

当人质被绑架的时候，我们是该谴责人质的软弱呢，还是该控诉那个绑架人质的绑匪和邪恶的世道呢？我以为，当然应该首先谴责后者。专制独裁者不断给人的肉体乃至生命施压，让你交出全部的、作为人应有的精神和灵魂的尊严。如果我们因此去谴责那些被暴力摧残得失去尊严的生命，说他们如何软弱，如何贪生怕死，岂不是正好中了专制独裁者的阴谋诡计？

所以，对于阮籍，我无论如何也说不出“哀其不幸，怒其不争”那样站着说话不腰疼的话。换个角度试一试，如果我们是阮籍，我们会做得更好些吗？

更何况，阮籍不是一般的人质。他是一名有良知、有人格、有尊严的人质。至少，他没有患上“人质爱上绑匪”的“斯德哥尔摩综合征”。阮籍丝毫不认为他在司马氏暴政之下的生活是体面的，是有尊严的，所以，他要发泄，他要爆发，他要向世人证明，他虽然是人质，但绝不是奴才；他虽然被堵住了嘴巴，但他的眼睛是雪亮的；他虽然不能直接抗暴，但他可以选择“非暴力，不合作”！

鲁迅先生说：“不在沉默中爆发，就在沉默中灭亡。”一向沉默的阮籍，一向明哲保身的阮籍，终于在一个事件中，彻底地爆发出来。

什么事件呢？

阮籍母亲的丧事。

酒肉穿肠过

甘露三年（258），阮籍的母亲去世了。这件事在当时产生了很大的轰动效应。阮籍在丧礼前后的表现表明，他已经彻底成了礼法的叛逆、名

教的罪人。

根据史书记载，阮籍母亲病危那天，他正和人下围棋。母亲的死讯突然传来时，对方连忙说不下了。可是阮籍不肯，一定要和对方下完这盘棋。一局终了，阮籍便去找酒喝，一口气喝了三斗，然后放声号哭。刚出声，便吐出大量的鲜血来。这一下阮籍元气大伤，一连好多天都没有恢复过来。

等到母亲将要安葬的时候，阮籍又蒸了一只小肥猪，当作下酒菜。饮酒二斗之后，才和母亲的遗体告别。这时阮籍万念俱灰，只说了一声："穷矣！"——完了！然后一声号哭，又喷出一口鲜血来。这一刻，阮籍的整个人都崩溃了！

在这两件事上，阮籍的表现都违背了儒家的丧葬之礼。儒家丧礼规定：居丧期间不能饮酒吃肉。可阮籍偏偏要反其道而行之。你司马氏不是"以孝治天下"吗？我偏偏就要居丧无礼，大逆不道！

阮籍的行为产生了很大的社会反响。有人表示理解，也有人大加挞伐。

有个年轻的名士，名叫裴楷。他来吊孝时，阮籍正喝得大醉，披散着头发，叉着两腿箕踞在床上。儒家丧礼规定，客人前来吊孝，孝子一定要先哭几声，然后客人再哭几声，这样才合乎礼数。但是阮籍不管这一套，看到裴楷来了，他也不哭，权当没看见。裴楷是个很通脱的名士，他也不管阮籍，自顾自地哭了几声，就告辞而去。

有人就问裴楷："阮籍都不按礼数哭，你为什么要哭？"裴楷说："阮乃方外之人，所以他不尊崇礼制是可以理解的。我是世俗中人，当然要以礼仪约束自己。"当时的人都认为裴楷这话说得很妙，知己知彼，两全其美。

阮籍在私下里这么做倒也罢了，"民不告，官不究"，司马昭可以睁一只眼闭一只眼，把他当作名士的狂狷行为一笑了之。可有一次，阮籍出

席司马昭的一个宴会，酒席上，他竟不顾重丧在身，照样狂饮大嚼，大秀了一把“居丧无礼”的狂态！这就有点冒天下之大不韪了。

果然，司马昭还没说话，旁边就有人站出来了。有一个叫何曾的老臣，当时官职是司隶校尉，专门负责监察京师官员。他一向以遵礼守法自居，看到阮籍这么嚣张，忍不住了，当即向司马昭弹劾阮籍，说：“明公您正以孝治天下，可阮籍重丧之中，却在您的宴会上饮酒食肉，是可忍，孰不可忍？应当把他捉拿治罪，流放到海外，以正风教！”

没想到司马昭却说：“嗣宗毁顿如此，君不能共忧之，为什么呢？况且人有身体虚弱之病，就是喝点酒吃点肉，本来也是符合丧礼的嘛！”

司马昭这个人，虽然有残暴的一面，但对待阮籍，还是呵护有加。我想，除了阮籍对他有政治利用价值外，的确也有爱才的成分在吧。

再看阮籍，饮啖不辍，神色自若，旁若无人。

其实，此时的阮籍早已心如死灰。母亲的死给他带来了极大的打击。喝酒也好，吃肉也好，此时此刻，哪里还有一点滋味可言呢？

反过来看，那些满嘴维护礼法的人，对于丧亲之痛，何尝能够如阮籍般感同身受？他们维护的，不过就是他们赖以寄生的虚伪礼教的空壳子而已。从这个角度上说，阮籍是在以一人之力和整个礼法规范进行抗争。他就是要让世俗中人知道，礼法固然是由人情常理而来，但一旦被当作教条，甚至是杀人的大棒，那它就离人的自然本性越来越远，它的合理性也就十分可疑。一个人表现痛苦的方式多种多样，“酒肉穿肠过，仁孝心中留”，如果非要按照世俗之礼，亦步亦趋，人云亦云，那人不就毫无真实的性情可言了吗？

说到底，阮籍认为，一个人有权利选择自己表达情感的方式，而不必受到礼法教条的制约和绑架。

那么，阮籍是真的不相信礼教吗？

当然不是。正如鲁迅先生所说：“魏晋时代，崇尚礼教的看来似乎很

不错，而实在是毁坏礼教，不信礼教的。表面上毁坏礼教者，实则倒是承认礼教，太相信礼教。”（《魏晋风度及文章与药及酒之关系》）

于是乎，崇尚礼教的人，便和毁坏礼教的人“交换场地”了，攻守转换了，黑白颠倒了，是非不分了。到头来，你不知道这世界上，还有谁真的相信礼教。

既然“礼”仅仅是形式，是圈套，是遮羞布，那么，不如只相信“情”。

所以，阮籍虽然居丧无礼，却又为母亲的死悲痛欲绝，吐血数升。

谁说阮籍不孝？谁说阮籍无情？阮籍才是真孝子，阮籍更是有情人。

是的，阮籍常常醉酒。但是，阮籍是“醉翁之意不在酒”。

以前，阮籍醉酒是为了避祸。现在，阮籍醉酒是为了向司马氏鼓吹的礼法名教宣战。

此时的阮籍，几乎成了一个挑战礼法教条的“圣斗士”，一个反礼教的“钉子户”！

十有九人堪白眼

阮籍还有一个绝活儿，就是善为“青白眼”。青就是黑眼珠，白就是白眼珠。阮籍碰到凡俗之士，就以白眼对之，冲人家大翻白眼。

阮籍的“青白眼”，让我想起明末清初的大画家“八大山人”朱耷的花鸟画。八大山人笔下的鱼和鸟，眼珠子都能转动，还会翻白眼瞪人。这哪里是鱼和鸟，分明是人！

我不知道朱耷画这些鱼鸟时，是否会想到阮籍。但朱耷的愤世嫉俗，应该是和阮籍一脉相承。特别是，那“八大山人”的署名，乍一看，分明

就是一个“哭”字！

无论是白眼当世，还是长泪双流，都是真性情的流露，都和阮籍异曲同工。

清代诗人黄景仁诗云：“十有九人堪白眼，百无一用是书生。”

后一句阮籍未必赞同，但前一句阮籍却一直身体力行。

还是回到阮籍母亲的丧礼上。因为阮籍名气大，前来吊孝的人络绎不绝。这天，嵇康的哥哥嵇喜前来吊孝。按理说，嵇康的哥哥来了，阮籍应该是非常重视，礼遇有加吧？可让人想不到的是，看到嵇喜来了，阮籍竟“白眼视之”，就是向他大翻白眼，不拿正眼看他。嵇喜非常郁闷，悻悻而归。

嵇康这时刚从河东回来，一听说这事，二话不说，就挟着琴，带着酒，亲自跑到阮籍家去了。阮籍一见嵇康，喜出望外，马上青眼有加，明眸善睐了。

俗话说，人比人，气死人。阮籍这一冷一热，一白一黑，反差实在太大了！

那么，嵇喜为什么会被阮籍如此奚落？其中到底有何隐情呢？

第十章　冰火两重天

吕安题凤

作为嵇康的哥哥，嵇喜不仅遭到过阮籍的白眼，也遭到过嵇康另一位朋友的轻蔑，这个人就是吕安。

吕安，字仲悌，山东东平人。他的父亲吕昭在魏明帝曹叡在位的时候，官拜镇北将军，兼任冀州刺史。从政治立场上看，吕安也更加倾向于曹魏，对司马氏的巧取豪夺心存不满。正是这些原因使吕安成为嵇康最好的朋友。两人好到什么程度呢？据《世说新语・简傲篇》记载：

> 嵇康与吕安善，每一相思，千里命驾。

就是说，嵇康和吕安两个人交情深厚，每当互相思念的时候，即使相隔千里，也会立即吩咐准备车马，前去拜访对方。后来，“相思命驾”就成了一个形容友谊深厚的成语。

有一次，吕安又一次千里命驾，去拜访嵇康，碰上嵇康外出未归。

嵇康的哥哥嵇喜在家，听说弟弟的好友吕安来了，连忙出来迎接，请他到自己家里一坐。按说这是人之常情，待客之道，至少我们都不会觉得嵇喜这么做有什么不对。但是古人交朋友，是很挑剔的。有一个说法叫“不交非类”，就是不和志趣不投的人交朋友。吕安就是如此。他出身显赫，年少才高，难免恃才傲物。喜欢的人他就恨不得天天相见，比如对龙章凤姿的嵇康，他就佩服得五体投地；不喜欢的人呢，他就毫不留情，冷眼以对。

吕安和阮籍一样，也不喜欢嵇喜，就坚决不进他的家门。不进倒也罢了，他还做了一件很匪夷所思的事，他倒是没翻白眼，而是拿出笔来（天

知道吕安怎么随身带着笔墨），在嵇喜的家门上题了一个字。什么字呢？“鳳”字。题完之后扬长而去。

嵇喜一看，还以为这是欣赏自己，把自己比作凤凰，所以挺高兴。殊不知，吕安是用了一个拆字法来嘲笑嵇喜。繁体的“鳳”字是两个部分组成，一个是“凡”，一个是“鳥”。吕安题“鳳”，意在讽刺嵇喜是个“凡鳥”，我不高兴和你玩儿！

还有一次，吕安去找嵇康，又碰上嵇康外出，嵇喜在家。嵇喜不敢怠慢，连忙“拭席而待之”。可是，吕安压根不理睬，一个人坐在车中，愣是不下来。嵇康的母亲见状，就把酒菜拿出来招待吕安。吕安享用完毕，就去找嵇康只有几岁的儿子嵇绍，逗他玩了好久才离去。整个过程，没有和嵇喜说过一句话。

还有比这更伤人自尊的吗？

有句话说：世界上没有无缘无故的爱，也没有无缘无故的恨。嵇喜作为嵇康的哥哥，却被弟弟的好朋友吕安指为“凡鸟”，被阮籍白眼以对，到底原因何在呢？

我以为，一个最重要的原因就是嵇喜投靠了司马氏。

我们前面讲过，司马昭上台后，平定了诸葛诞的叛乱。从此，反司马氏的力量几乎被消灭殆尽。司马昭一人之下，万人之上，大有“朕即国家”的气势了。所以，许多原本处于观望状态的士人也纷纷为司马氏所用。

只有嵇康是个例外。他为了躲避司马昭的征召，曾经到河东一带暂避，前后约有三年。可能就是在此期间，他的哥哥嵇喜被举为秀才，然后很快就做了司马攸的属官。

司马攸是司马昭的二儿子，因为司马师无子，就过继给了司马师做嗣子。司马攸政治上起步很早，十七八岁时就担任散骑常侍、步兵校尉。而阮籍当时也是步兵校尉，嵇喜的事他当然知道，所以他对嵇喜白眼以待。

不过，话又说回来，要说投靠司马氏，你阮籍不也半推半就地投靠了

吗？你阮籍毕竟是做了司马氏父子三人的从事中郎啊？就是现在担任的步兵校尉一职，不也是从司马昭那里求来的吗？阮籍要是因为这个而瞧不起嵇喜，那是五十步笑百步，理由并不充分。

所以第二个原因就显得重要了，就是性情不投，志趣不同。

俗话说：酒逢知己千杯少，话不投机半句多。嵇喜选择做官，甚至选择做司马氏的官，都未必构成让人轻蔑的条件。山涛不是也在司马氏手下做官吗？也没见阮籍冲他翻白眼啊？我推测，可能是嵇喜本人的气质有问题。

气质这个东西很要命，追名逐利的人和恬淡宁静的人气质就是不一样。雅俗优劣，一目了然。大概在阮籍和吕安看来，嵇喜就是世俗中人，名利心很重，缺少真性情，缺乏超脱凡俗的气质，本质上跟那些迂腐刻板的礼法之士没什么两样。同是做官，阮籍是迫于司马氏的高压，是为了避祸；嵇喜可能就有更多功利的打算，是主动投靠。阮籍和吕安都是心性非常高傲的人，对那些凡俗之士他们是轻蔑到了极点。这叫“道不同不相为谋”。

第三个原因，恐怕就和嵇康有关了。

嵇喜要是其他人倒也罢了。其他人俗也就俗了，还让人觉得可以理解。可嵇喜偏偏是嵇康的亲哥哥！要知道，嵇康是人中龙凤，是超凡脱俗到了极致境界的人，从外表到内在都与世俗的追名逐利之人格格不入。这样一来，这兄弟俩就形成了一个鲜明的对比。这对比让人觉得太不可思议了。吕安和阮籍都是嵇康的好友，他们一定对于这两兄弟如此巨大的悬殊和落差耿耿于怀。

有这三个原因，嵇喜就成了大家眼中的俗人的代表。

可以说，嵇喜是魏晋时期一个最著名的“冤大头”。关于他的几条记载，差不多都是被人轻蔑、受人奚落的。比如说，阮籍翻白眼是有特定对象的，那就是见了“凡俗之士”才会翻白眼，可想而知，被阮籍翻过白眼的肯定有不少人。但是，有据可查的、被阮籍翻过白眼的唯一的一个人，

就是嵇喜。你说倒霉不倒霉？

我想，造成这种情况，原因无它，就是因为嵇喜是嵇康的哥哥。嵇康是反司马氏的，最后被司马昭杀害。作为哥哥，嵇喜却投靠了司马氏。所以，在文献记载中发生这种抹黑嵇喜的情况也就毫不奇怪了。它从一个侧面，反映了人们对嵇康的崇敬和喜爱。

兄弟情深

那么，作为弟弟，嵇康对哥哥嵇喜的态度如何呢？要知道，嵇康可比阮籍、吕安更高傲，更脱俗，他会不会比他的朋友更看不上自己哥哥呢？

答案是：没有。嵇康对他的哥哥嵇喜，不仅没有瞧不起，反而非常敬重，非常喜爱。

为什么呢？原因很简单，亲情的力量在起作用。俗话说：血浓于水。嵇康很小的时候，父亲就去世了，他有两个哥哥。大哥去世早，没有留下姓名，二哥就是嵇喜。

从嵇康的诗歌中可知，嵇康的童年时代，是在母亲和兄长们无微不至的关怀和呵护下度过的。嵇喜非常喜爱嵇康，嵇康被杀后，他写了一篇《嵇康别传》，成为研究嵇康的第一手资料。其中一段写道：

> 康长七尺八寸，伟容色，土木形骸，不加饰厉，而龙章凤姿，天质自然。正尔在群形之中，便自知非常之器。

寥寥几笔，便把嵇康的风度、才情勾画出来。如果没有对嵇康的喜爱和相知，没有相当的文学修养，恐怕写不出这样饱含情感的句子来。

嵇康对嵇喜也非常敬爱，两兄弟无话不谈，手足情深。在得知嵇喜踏上仕途后，嵇康很为他担心，先后为他写了18首四言诗，题目叫《赠兄秀才入军》。诗中反复表达了对嵇喜的思念和担忧，也表达了自己对名利和富贵的鄙视，以及远离政治、洁身自好的隐居之志。其中第9首写道：

良马既闲，丽服有晖。左揽繁弱，右接忘归。
风驰电逝，蹑景追飞。凌厉中原，顾眄生姿。

繁弱是良弓，忘归是名箭。嵇康想象哥哥嵇喜在军中一身戎装、左右开弓、纵马驰骋的模样，那真是英姿飒爽，帅气无比。仅从这首诗来看，嵇喜无论如何也不是一个平庸凡俗之辈。再看第14首：

息徒兰圃，秣马华山。流磻平皋，垂纶长川。
目送归鸿，手挥五弦。俯仰自得，游心太玄。
嘉彼钓叟，得鱼忘筌。郢人逝矣，谁与尽言？

诗歌音节流美，意象清新，情景交融，表达了对哥哥的深切思念。其中"目送归鸿，手挥五弦。俯仰自得，游心太玄"四句，与其说是描画嵇喜的风貌，不如说是嵇康本人的写真，形神并茂，意境幽远，成为传诵千古的名句。

嵇喜也很有诗才，他收到弟弟的赠诗，也写诗作答，对自己的选择做了解释，在答诗中嵇喜说：

达人与物化，无俗不可安。都邑可优游，何必栖山原？（《答嵇康诗四首其三》）

意思是：通达事理的人应该从善如流，顺应时势，与世俗相安无事；

只要内心清静，即使在都市里也可以优游卒岁，洁身自好，何必一定要隐居在山林原野呢？应该说，嵇喜的这种思想并非全无道理，它包含了调和儒与道、仕与隐的愿望。后来的“大隐隐于朝，中隐隐于市，小隐隐于野”的思想便与此相关。

客观地讲，嵇喜并非那么俗不可耐，一无是处。史书上说，嵇喜“有当世才”，颇有政治才干，后来历官徐州刺史、扬州刺史、太仆、宗正。尽管嵇康和嵇喜兄弟两人在政治上分道扬镳，但丝毫没有影响他们的手足之情。嵇康的朋友可以嘲笑嵇喜，但嵇康本着儒家的亲情伦理一直与哥哥保持着非常亲密的关系。这是让人感到欣慰的。

现在，我们正一步一步地走进竹林七贤的灵魂人物嵇康的内心世界。

我们知道，嵇康不仅有着俊美的外表，更有着善良美好的情感世界。在生活中，他十分重视亲情和友情，对朋友和亲人宽容体贴，所以，他能够尊重朋友们的选择，哪怕是政治上与自己格格不入的选择。比如，竹林七贤中的阮籍、山涛和王戎，还有自己的哥哥嵇喜先后进入司马氏的幕府，都没有影响嵇康对他们的情感。私下里，他们仍保持着友谊。

有一句格言说得好：“兄弟不一定是朋友，但朋友一定是兄弟。”对于嵇康来说，兄弟如良友，良友如兄弟。有嵇康这样的人做朋友，做兄弟，真是一种莫大的幸福。

除了情感细腻而丰富，待人宽厚，嵇康还特别有涵养。竹林七贤的王戎就说过一句话：“与嵇康居二十年，未尝见其喜愠之色。”（《世说新语·德行》）嵇喜所撰的《嵇康别传》也说：“康性含垢藏瑕，爱恶不争于怀，喜怒不寄于颜。所知王浚冲（即王戎）在襄城，面数百，未尝见其疾声朱颜。此亦方中之美范，人伦之胜业也。”

这说明，嵇康的修身功夫非常好，平时能够做到含垢忍辱，与世无争，说话不温不火，脸上和颜悦色，文质彬彬，谦谦君子，堪为为人处世的楷模，修身养性的高标！

豪门败类

但是，如果你以为嵇康和阮籍一样，也是个明哲保身、逆来顺受的人，那你就大错特错了！嵇康对待他讨厌、鄙视的人是绝不妥协的，甚至连最起码的面子也不给。

孔子说过一句话："唯仁者能好人，能恶人。"（《论语·里仁》）意思是，只有那些真正的仁人志士，他才会喜爱值得喜爱的人，憎恶值得憎恶的人。仁人君子绝不是谁都不得罪的"老好人"，他一定是是非明辨、爱憎分明的人。对待亲朋和颜悦色，像春天一样温暖；对待小人和敌人则金刚怒目，像严冬一样冷酷无情。

嵇康就是如此。嵇康的性格真是一半是火焰，一半是海水。或者说是——冰火两重天。

比如，有一个人就让嵇康深恶痛绝。在这个人面前，嵇康打破了自己多年修炼出来的好脾气，而且一发不可收。

是谁这么可恶，竟让好脾气的嵇康如此讨厌呢？

这个人，就是我们前面介绍过的司马氏的铁杆走狗钟会。

钟会与竹林七贤关系很大，他直接或间接地改变了竹林七贤中三个人的命运。

哪三个人呢？一个是阮籍。钟会替司马氏监视过阮籍，弄得阮籍见了他就像见了癞蛤蟆，只好天天喝醉。第二个是王戎。钟会观察过王戎，认为他很有才干，就向司马氏推荐，后来王戎果然做了官。第三个就是嵇康。

钟会和嵇康之间到底发生了什么？结果如何？这是竹林七贤故事中一大关目，一大看点。所以要从钟会其人说起。

要说钟会也是出身名门。他的父亲就是三国时著名的政治家、书法家钟繇。钟繇是曹魏的老臣，在曹丕做皇帝的时候，官至太傅，位高权重，地位还在司马懿之上。钟繇老年得子，70多岁时有了两个儿子，大的叫钟毓，小的就是钟会。钟会小时候就很聪明，5岁时，与父亲一道见蒋济。蒋济一看他的眼睛，便大吃一惊，说："非常人也！"

还有一个故事说，钟毓、钟会兄弟13岁时，魏文帝曹丕听说他们的名声，对他父亲钟繇说："可以让你的两个儿子来见我。"两兄弟来见曹丕时，哥哥钟毓很紧张，脸上渗出汗来。曹丕问："卿脸上怎么出汗了？"钟毓回答说："战战惶惶，汗出如浆。"曹丕又问钟会："卿何以不汗？"钟会说："战战栗栗，汗不敢出。"

其实，这个故事并不可靠。因为钟会兄弟13岁的时候，曹丕和钟繇早已死去多年了。但这个记载也是有价值的，从中可以看出，钟会小时候就比他哥哥钟毓心眼多，胆子大，而且巧舌如簧，能言善辩。

长大后的钟会的确很有才。他继承了父亲钟繇的书法艺术天赋，是著名的书法家。而且，钟会有个绝活儿，就是擅长模仿别人的笔迹。他有一个堂外甥叫荀勖（xù），家里藏了一把宝剑，价值上百万，经常放在母亲钟夫人也就是钟会的堂姐家里。

钟会非常想得到这把宝剑，就模仿荀勖的笔迹，写了一封信让人送给钟夫人，说是要把宝剑取回来。钟夫人看了信，笔迹分明是儿子的，也就毫不怀疑。钟会就这样骗走了宝剑。荀勖明知道这是钟会干的，但又没办法取回，从此怀恨在心，一直想找个机会报复钟会。

后来钟会兄弟俩花费千万巨资造了一所别墅，装修得非常精致漂亮，暂时还没来得及乔迁。荀勖一看机会来了。荀勖这个人也很有才，不仅擅长音乐，而且是丹青高手。他也有一个绝活儿，就是擅长人物写生，什么样的人只要被他观察一会儿，就能画下来，画得惟妙惟肖。荀勖就偷偷潜入钟会的别墅，在门堂上画了一幅钟繇的画像，衣冠容貌就像生前一样。

钟氏兄弟要搬家，刚一进门，就看到父亲的画像在大堂上，顿时大感悲痛。这所别墅从此也就空置不用了。

这个故事说明，钟会虽然多才多艺，却没用在正道上，净干些坑蒙拐骗的勾当。

祸从口出

那么，嵇康和钟会怎么会打上交道呢?

我们前面讲过，嵇康在嘉平年间，主要在京师洛阳一带活动。他的风度、学问、气节，很快使他成为学术界、名士圈的领军人物。当时太学里的很多年轻人都是嵇康的崇拜者。

比如有个叫赵至的少年，14岁时到洛阳太学访问，偶然见到了嵇康，叹为观止，崇拜得五体投地。后来赵至回到家乡，竟然屡屡装病，经常四处狂走，一走好几里地，好不容易才被家里人追到带回家。回家后，他又自残身体，用火烧烤自己的身体十几处。16岁的时候，赵至又一次离家出走，只身前往洛阳寻找嵇康。听说嵇康到邺城去了，他又追到邺城，终于被嵇康收留，跟随嵇康回到了山阳。

可以说，赵至是嵇康的一个铁杆粉丝，狂热追随者。从这个例子可以看出，嵇康作为一位偶像级的人物，在当时拥有不少仰慕者。而钟会，也应该是其中一位。钟会比嵇康小两岁，曾经是嵇康的学术粉丝。

钟会很早的时候就曾慕名专程拜访嵇康。当时他刚写完一本书，是研究人的才性问题的，叫作《四本论》。写完之后，他很想请嵇康看看，一来有请教之意，二来也想让嵇康知道自己的存在。于是，钟会就兴冲冲地把《四本论》揣进怀里，一个人偷偷来到嵇康的住所。可是走到嵇康

住所门口，他又犹豫了，徘徊了好久也不敢进去。为什么？一来可能是底气不足，自惭形秽，怕嵇康当面质疑；二来也与当时两人的政治立场不同有关。嵇康是曹家的女婿，钟会却是司马氏的心腹，根本不是一条道上的人，嵇康能接纳他吗？

所以，钟会非常心虚。于是他门也不敢进，只远远在门外把《四本论》手稿扔进了嵇康的院子里，然后掉头就跑。

过其门而不敢入，真是要多窝囊有多窝囊！

钟会当然不死心。这年夏天，钟会又一次拜访嵇康在洛阳郊外的住所。

那天，嵇康和向秀正在门前打铁。我们知道，嵇康隐居的时候，有一大爱好，就是锻铁。《晋书·嵇康传》说他“性绝巧而好锻，宅中有一柳树甚茂，每夏月，居其下以锻”。可见，嵇康打铁是因地制宜，他把打铁的工具安置在柳树之下，利用水排激水产生动力，推动风箱，使火越烧越旺。

可以说，嵇康的打铁工具和技术代表了当时的“先进生产力”。

嵇康打铁有一个好搭档，就是竹林七贤之一的向秀。我们可以想象，当时嵇康光着膀子，散着头发，正有节奏地挥舞铁锤，肌肉随着动作有张有弛晃动着，极富阳刚之美。向秀则坐在地上，一下一下地拉着风箱。两人一边打铁，一边欣然交谈，自得其乐，旁若无人。

正当嵇、向二人干得不亦乐乎的时候，钟会来了。

这一次，钟会吸取了教训。他唯恐自己一个人分量不够，再像上次那样过其门而不敢入，就带了一大帮京城的名流阔少，穿着锦衣绣裳，骑着高头大马，耀武扬威地簇拥而来。

每次读到这儿，我都要哑然失笑。钟会啊钟会，你真不长脑子啊，好好的你带这么多人干吗？你是来交朋友，还是打群架？就凭这个小小的细节，我们就可得出一个判断：钟会这个人档次实在太低！你要是真心实意和嵇康交朋友，一个人前来求教是最好的选择。即使交不上朋友，也不会

丧失起码的尊严。可是钟会没有那个自信，也没有那个诚意。他这时已经成为司马氏的心腹智囊，踌躇满志，不可一世，他以为带着这么多人来拜访嵇康，会给自己加分。

钟会实在太不了解嵇康了，他不知道嵇康是那种吃软不吃硬的人。你虚心求教，即使他再讨厌你，也不至于表现得过分，但你要故意炫耀自己的权位声势，以为不如此不足以显示自己的派头，那真是画蛇添足、弄巧成拙了！

嵇康、向秀听到人喊马嘶，并没停下手中的活计。嵇康依旧哐当哐当继续打铁，就像外面的世界都不存在一样，半天也不说一句话。他肯定看过钟会的书稿，却不做任何回应，连个起码的寒暄都没有，连个瞧不起、看不上的表示都没有。仿佛在他嵇康眼里，世界上压根儿就没有钟会这个人！

钟会一帮人立马站在那儿，手足无措，尴尬不已。那哐当哐当的打铁声，就像打在钟会脸上的耳光一样，分外响亮和刺耳。

时间一分一秒过去，钟会一伙人实在没趣了，只好掉转马头，准备离开。

这时，打铁声戛然而止。一个让人既感到解气又感到惋惜的事情发生了。

嵇康转过身，朗声说道："何所闻而来，何所见而去？"这话是包含讽刺意味的。言下之意，你们究竟是听到了什么而来，又看到了什么而去？

要是换了旁人，肯定被噎得半天说不出话。但是钟会何等聪明，当即答道："闻所闻而来，见所见而去！"意思是说，我听见了我听见的，看见了我看见的，收获很大。至于以后，咱们骑驴看唱本——走着瞧！说完，钟会一伙人悻悻而去。

为什么我说既解气、又惋惜呢？

因为嵇康的那句话表达了他对钟会的全部的轻蔑，让钟会威风扫地，听起来真叫痛快！但是，也正因为这样一句话，让钟会怀恨在心，一粒仇恨的种子就此埋下。

俗话说：宁得罪君子，不得罪小人。

得罪了君子可以高枕无忧，得罪了小人则要时时警惕，处处小心。

小人往往有三心：嫉妒心、好胜心、报复心。如果是一个有权势的小人，他的这三种心还会产生另外一种心，就是杀心！

小人还特别爱面子。你让小人没面子，他就会背地里给你使绊子，甚至下刀子！

钟会就是一个标准的小人，而且是嵇康命中最危险的一个小人。

可能就是在这一刻，小人钟会起了杀心。

从这件事中我们可以看出，尽管嵇康非常注意修身养性，但他骨子里还是一个爱憎分明、疾恶如仇的人。他曾说自己非常佩服阮籍的“口不论人过”，私下里也想效法他，但是常常又做不到。

为什么做不到？因为他的刚烈性格不允许他委曲求全，逆来顺受，更不允许他把尊严和人格踩在脚下。就像这一次，如果他能在关键时刻，管住自己的嘴巴，也许他后来就不会被钟会反咬一口，死于非命了。

可是，嵇康要是那样，他还是嵇康吗？

得罪了钟会，已经腹背受敌。几年之后，又发生了一起惊天血案，更把嵇康逼到了风口浪尖。

这是一起什么血案呢？

第十一章　司马昭之心

少年天子

我们可能都听过一个成语，叫作“司马昭之心，路人皆知”。这个成语被用来比喻权臣篡位的野心已经非常明显，人所共知。

但是，这句大大有名的话是出自何人之口？恐怕知道的人并不多。

其实，说这话的不是别人，正是三国时曹魏王朝的第四个皇帝——曹髦。

那么，这句话是曹髦在何种情况下说出来的？这个少年天子的命运和结局如何？曹髦这个人和竹林七贤又有什么关系呢？

我们前面讲过，公元254年，司马师剿灭了夏侯玄、李丰等人发动的政变之后，又把参与政变的皇帝曹芳废掉，立曹丕的孙子、高贵乡公曹髦为帝。曹髦登基时，还不到14岁。不用说，这个少年天子只能充当曹芳之后的又一个傀儡皇帝，国家政令，一切大事都要听命于司马氏。

但是，同为少年天子，曹髦要比曹芳有能力得多。在登基之初，曹髦就表现出一个天子应有的英明和智慧。当时曹芳被废，曹髦已经被内定为未来皇帝的人选，朝廷很快派出使臣仪仗到曹髦的封地、山东郯（tán）县迎驾回京。

经过长途跋涉，十月初四这天，曹髦的车驾终于到了洛阳城外的玄武馆。这时群臣上奏，请他住在前殿。曹髦却说，这是先帝旧居，人臣不宜越位居住。于是暂住到西厢房。群臣又请求以皇帝的法驾仪式迎接他，也被他拒绝了。

第二天，曹髦一行抵达京师洛阳，文武百官都在西掖门南面跪拜迎驾。曹髦赶紧下车想要答拜还礼。旁边负责礼仪的司仪说：“按照礼仪，您不应回拜。”曹髦却很谦卑地说：“我也是人臣啊，如何不拜？”还是

毕恭毕敬地回拜了群臣。

接着又到了皇宫外面的止车门。止车门就是文武百官到了这里要下车下马的地方。曹髦又要求下车，左右随从说：“按照过去的礼节，皇帝经过此门，是可以乘车而入的。”也就是说，止车门只止大臣的车，不止皇帝的车。

没想到曹髦还是十分谦卑有礼地说：“我被皇太后所召，不知道要干什么。”意思是，在未行大礼之前，我仍然是人臣而不是皇帝。于是下车步行，来到了太极殿的东堂，拜见他的婶婶郭太后。

整个过程中，曹髦的表现进退合宜，举止得体，可圈可点。

就在这一天，曹髦在太极殿前殿即皇帝位。参加典礼的文武百官，见曹髦举止中规中矩，懂得礼节谦让，谦卑之中自显一种高贵，都感到这是社稷之福，皆大欢喜。

只有司马师听说后，深感忧虑，担心这个曹髦日后会成为司马氏夺权篡位的绊脚石。

曹髦登基没多久，淮南就发生了毌丘俭、文钦的兵变。司马师率军东征，司马昭留守洛阳。曹髦的聪明才智在这次事变中又有所表现。

我们前面讲过，司马师在文钦之子文鸯的偷袭中，眼珠子吓得迸出了眼眶，疼痛难当。大军班师回朝经过许昌时，司马师就一命呜呼了。而在司马师病重时，司马昭曾赶往许昌探望。过了不久，前方便传来司马师暴亡的消息。

曹髦一看，司马氏两兄弟一死一去，眼下都不在京城，这是个千载难逢的好机会，就立即发出了一道圣旨，命司马昭镇守许昌，让随军的尚书傅嘏（gǔ）带兵回京。

这道圣旨发得恰逢其时，其目的就是要剥夺司马昭的兵权，架空司马

氏。但是，司马昭在亲信傅嘏和钟会的谋划之下，没有听曹髦的指令，还是亲自率军回到洛阳，顺利继承了司马师的大将军之位。

我们说，尽管曹髦的这一步棋最终没有走成，但还是体现了他非同一般的政治才干。

这样一个人，怎么可能甘心一辈子做傀儡皇帝呢?

曹髦的这个年龄，正是青春叛逆期，一般的孩子到这时候都会对父母的管教产生不满，更何况曹髦贵为天子。这种司马昭一手遮天、君臣颠倒的日子当然让他感到忍无可忍。

我们现在的青年喜欢说：“我的青春我做主。”

曹髦肯定也会想：“我的国家我做主。”这有错吗？没错。

在古代的政治生活中，最重视的就是“名正言顺”，所谓“君君，臣臣，父父，子子”。如果把一个国家比作一个公司，法人代表只能是皇帝，你司马昭再有权，名义上不过是总经理。总经理老跟董事长夺权，董事长怎能咽下这口气?

从此以后，曹马之争就演变成了这个少年天子和司马昭的明争暗斗，而他们的明争暗斗使政治局势更加恶化。我们知道，竹林七贤的阮籍，本来受到曹髦的欣赏和提拔，担任散骑常侍，但是他夹在司马昭和曹髦之间，日子很不好过。所以两年之后，他就申请外调，去做东平相了。这其实是个金蝉脱壳之计，目的就是远离是非，保全自己。

可让人想不到的是，阮籍是想“跳出三界外，不在五行中”，竹林七贤的另外一位领袖人物，却不顾凶险，迎难而上，卷进了新一轮的曹马之争。

这个人是谁呢?

就是嵇康。

放论管蔡

嵇康是怎么卷进去的呢？是因为一篇很有杀伤力的文章。这篇文章也与曹髦有关。

曹髦年纪虽小，却是自幼熟读经书，很有思想，可以说是少年老成，胸有大志。当上皇帝之后，曹髦很想有一番作为，真正把曹家的天下掌握在手中。他经常以天子的身份，关注国家的礼乐制度、风俗教化，特别重视国家的最高文化机构——太学。

甘露元年（256）四月，年满16岁的皇帝曹髦驾临太学，同太学的博士儒生们探讨儒家经典。先谈了一通《周易》，接着又谈《尚书》。讲着讲着，不知怎么，这位少年天子突然谈到一个很敏感的话题——“周公、管蔡之事”。

“周公、管蔡之事”是中国历史上一桩著名的公案。

周公就是周文王的儿子、周武王的弟弟，在历史上大名鼎鼎。管叔和蔡叔也是周文王的儿子、武王的弟弟。按年龄排行，管叔是周公的哥哥，蔡叔是周公的弟弟。周武王灭掉殷朝之后，曾大封功臣和兄弟，管叔封于管（今河南郑州一带），蔡叔封于蔡（今河南上蔡一带）。周武王死后，他的儿子周成王即位，他们自然就成了“皇叔”，被称为管叔、蔡叔。

但成王登基时，年仅13岁，尚无治理天下的能力。周公德高望重，就担当起摄政的重任，史称周公。周公摄政之后，管叔、蔡叔心中不服，就在全国放出流言，说“公将不利于孺子”，然后联络商纣王的儿子武庚，以及东夷部族发动叛乱。周公为此率军东征，苦战三年，最后平定了叛乱，杀掉了武庚和管叔，同时将蔡叔流放。

这就是“周公、管蔡之事”。

历史上对这桩公案是有定论的，就是认为管、蔡二人居心叵测，阴谋叛乱，周公大义灭亲，利国利民。

那么，这桩历史上已经盖棺论定的公案，为什么会引起少年天子曹髦的重视呢？

只要把当时的政局和周公、管蔡之事做一对比，便不难找到答案。两者有三点相似之处：

第一，都是新皇帝年幼。当初明帝曹叡死后，即位的曹芳只有8岁；曹芳被废之后，后继的曹髦也不过14岁，这和当年13岁登基的周成王多么相似！

第二，都是权臣摄政。曹爽集团被剿灭后，司马氏父子先后专权，这和当年周公的“摄政”在权力结构上也如出一辙。更有甚者，司马氏还恬不知耻地以周公自居，借以瞒天过海，欺世盗名。

第三，都曾引发过叛乱。司马懿父子主政之后，在淮南，先后发生过王凌、毌丘俭的所谓叛乱。特别是毌丘俭的这一次，正好在曹髦登基之后不久发生，这和当年管叔、蔡叔的叛乱又是遥相对应。

可以说，现实的一幕几乎就是当年历史的重演。

曹髦之所以不早不晚，偏在这时候对管叔、蔡叔表示同情，就是因为前不久毌丘俭、文钦叛乱及其结果，太像当年的管叔、蔡叔了！

作为一个少年皇帝，曹髦早已看出司马昭的狼子野心。一句话：此周公非彼周公也。他把这件事拿出来和太学博士讨论，其实也是借古讽今，表达对司马昭的不满。

我说这是个敏感话题，原因就在这里。

当时曹髦拿这件事去问一个名叫庾（yǔ）峻的太学博士：你对周公、管蔡之事怎么看？

庾峻乃一腐儒，不敢正面回答，也许是怕得罪以周公自居的司马氏，所以顾左右而言他。曹髦很生气：“周公、管蔡之事，皆《尚书》所载，

是博士应该精通的。”言下之意：你连这个都不懂，怎么配当博士呢？

庾峻只好说：“这个问题都是先贤所质疑过的，微臣才疏学浅，无法究论。”

我们从曹髦这次太学之行可以看出，曹髦的政治敏锐性很强，而且不甘受制于人。

这件事很快就传出去了。不仅传出去了，而且把竹林七贤的嵇康卷进去了。

当时嵇康在京城洛阳活动，经常到太学抄写石经古文，已经成了太学生的精神领袖。曹髦到太学问学这件事当然很快传到嵇康耳朵里。要知道，嵇康当年曾经要起兵响应毌丘俭的兵变，由于山涛的劝阻才没有铤而走险，但是他对司马氏的残暴统治早已忍无可忍。

现在，皇帝居然谈到周公、管蔡之事，其中的寓意嵇康当然心知肚明。所以，他便借题发挥，写下了一篇词锋锐利的传世名文，公开为管叔、蔡叔“翻案”。这篇文章题叫作《管蔡论》。文章说：

> 管、蔡皆服教殉义，忠诚自然，是以文王列而显之，发、旦二圣，举而任之。非以情亲而相私也，乃所以崇德礼贤。济殷弊民，绥辅武庚，以兴顽俗，功业有绩，故旷世不废，名冠当时，列为藩臣。逮至武卒，嗣诵幼冲。周公践政，率朝诸侯，思光前载，以隆王业。而管、蔡服教，不达圣权；卒遇大变，不能自通，忠于乃心，思在王室，遂乃抗言率众，欲除国患，翼存天子，甘心毁旦。斯乃愚诚愤发，所以徼祸也。

嵇康主要表达了两层意思：

第一，肯定管叔、蔡叔原本都是忠良之臣，否则以文王、武王和周公的圣明，绝不会“立而显之”“举而任之”。文王、武王和周公都是圣

人，圣人都是天纵英明，不会被蒙蔽的。如果管叔、蔡叔不是善良之辈却还受到重用，那岂不是说明圣人的眼光有问题？

第二，认为这桩公案其实是一场不该发生的历史误会。因为武王死后，成王年幼，周公才摄政，目的是光大父兄的王业。遭此大变之后，管叔、蔡叔心里想不通，加上他们远离京城，不知道周公摄政乃权宜之计，以为周公有意篡权，为了保护王室，这才兴兵讨伐周公。他们是怀抱赤诚的忠心奋发保护王室的，最终反倒招致祸患。

总之，周公东征，大义灭亲，固然是圣人之举，但管、蔡二人也绝不是通常所认为的乱臣贼子！

嵇康虽然没有大张旗鼓地否定周公，但他对管、蔡二人大加称赞，其目的就是借古讽今。尽管对此文是否作于此时，学术界尚有争议，但我以为，在没有找到充分的反证之前，把曹髦问“周公、管蔡之事”与嵇康作《管蔡论》生生割裂，也是不明智的。

总之，嵇康的这篇文章非常有杀伤力。联系到司马氏自比周公的事实，这篇文章的现实针对性也是不言而喻的。

可想而知，司马昭看到这篇文章，一定会怀恨在心，不仅对嵇康不满，还会迁怒于那位羽翼未丰就敢插手“国家大事”的曹髦。

曹髦啊曹髦，你傀儡皇帝当得好好的，干吗要到太学去找事？你什么问题不好问，为何偏偏要问周公、管蔡之事呢？你是真的天纵聪明呢，还是寿星佬儿吃砒霜——活腻了？

不久之后，诸葛诞又在淮南起兵，司马昭带着天子曹髦和皇太后御驾亲征，平定了这场叛乱。从此，有实力的曹魏忠臣几乎都被赶尽杀绝，司马氏篡夺的趋势进一步明显。

我们说，这个时候的曹马之争，也就是少年天子曹髦和司马昭的斗争，双方实力差距实在太大，简直像蚍蜉撼大树！

但是，就古代的君臣之义来讲，皇帝当然是国家的最高统治者，空有

皇帝的名位却没有皇帝的权力，只要是个正常人，都不会善罢甘休的。对于曹髦来讲，与其说是向司马氏争权力，不如说是向司马昭讨尊严，讨一个当皇帝的起码的尊严！

潜龙诗

甘露四年（259），又发生了一件事，使司马昭和曹髦的关系进一步紧张起来。

这年正月，豫州的宁陵县境内，有人在井中发现两条黄龙。所谓黄龙，其实不过是黄色的蛇罢了。大家都认为这是吉兆。但是傀儡皇帝曹髦却不这么看，他说："龙者，君德也。上不在天，下不在田，而数屈于井，非嘉兆也。"于是触景生情，顾影自怜，十分伤感，做了一首《潜龙诗》以自比，诗云：

伤哉龙受困，不能跃深渊。上不飞天汉，下不见于田。
蟠居于井底，鳅鳝舞其前。藏牙伏爪甲，嗟我亦同然！

诗歌的意思很明白，就是感叹受困井中的潜龙的悲惨命运，说它既不能上飞九霄，也不能畅游田间，只能屈辱地蜷缩在井底之中，眼睁睁地看着泥鳅、黄鳝在自己眼前耀武扬威，空有锋利的牙齿，只好藏起来，爪子和鳞甲也只好蛰伏在泥沼中。最后一句分明在说：我虽然贵为真龙天子，但在这个乾坤颠倒、君臣失位的世道，不是和那井中的黄龙同样可悲可怜吗？

这首《潜龙诗》是曹髦被压抑多年的一次情感总爆发。一方面说明，曹髦的确是一位很有见识和自尊的皇帝；另一方面也说明，司马昭的淫

威已经让这位19岁的天子忍无可忍了！以“潜龙”作为诗题，正好对应了《周易·乾卦》中“潜龙勿用”的爻辞，意思是潜龙毕竟是龙，现在处于潜伏阶段，是为了积聚力量，等待时机，时机一到，一定会一飞冲天！

这是一种暗示，也是一种警告，甚至还是一种示威。

司马昭看到这首诗，大为光火，对这个不听话的小皇帝更加不满。

这个时候的政治空气，就像一只火药桶，随时可能被一粒火星点燃，炸它一个惊天动地！

《潜龙诗》成了一条导火线，终于引爆了司马昭的定时炸弹。

弑君之罪

甘露五年（260）正月初一，发生了一次日食。古人认为，天文现象和自然灾害是跟社会政治相关的，所谓“天人感应”。于是，一种不祥的气氛弥漫朝野上下。

果然，几个月后，这年五月，一起震惊朝野的血案发生了。

五月七日这天，皇帝曹髦在皇宫中坐立不安。头天晚上，他已经对几位贴身大臣做了部署，要求他们部署禁兵，护卫皇宫，枕戈待旦。他决心要孤注一掷，和司马昭拼个鱼死网破！

曹髦为什么要这么铤而走险呢？

因为就在四月份，迫于种种压力，他不得不下诏，将大将军司马昭晋升为相国，封为晋公，并加九锡之礼。这已经是第二次加封，司马昭依旧假惺惺地一再谦让。这样一加一让，弄得人心浮动，人心思变。魏晋禅代的局面初步形成，大势所趋，司马昭就等着哪一天被他的党羽来个“黄袍加身”了。曹髦非常担心照此发展下去，自己手中没有一点权力，最终也

会像曹芳一样被司马昭废掉，那时曹魏的天下恐怕就彻底完蛋了！

曹髦毕竟血气方刚，于是就把三个王姓大臣召到身边。一个是侍中王沈，一个是尚书王经，还有一个是散骑常侍王业。

正是对这三个王姓大臣，曹髦说出了那句千古名言。他说：“司马昭之心，路人所知也。我不能坐在这里等待被废黜的羞辱，今天要和你们一起出去讨伐这个老贼！”

尚书王经是曹魏忠臣，他马上劝谏说：“陛下万万不可轻举妄动！如今大权尽在司马氏掌握，已经不是一天两天了；朝廷四方都愿意为之效力，不顾顺逆之理，也不是一天两天了。况且，您现在皇宫里防备空虚，兵甲寡弱，您怎么调遣征用？一旦您铤而走险，反而会打草惊蛇，后患无穷！”

应该说，王经的话句句在理，全是忠言。但曹髦此时已气急败坏，哪里肯听。他从怀中拿出早已写好的黄绢诏书，扔在地上，说：“是可忍也，孰不可忍也？我决心已下，就是死，又有何惧？况且，也不一定就是我死！”

说完，曹髦就进后宫禀告太后去了。

就在这时，参与谋划的三位王姓大臣发生了分化。分化的结果是，王沈、王业二人连忙跑出皇宫，向司马昭的相府奔去。

干什么去了？报信去了。而且争先恐后，都想争个头功。

一边是当朝天子，一边是当朝首辅，在这个关键时刻，他们在权力的天平上的差别就是这么大！这个时候，曹髦成了彻头彻尾的光杆司令！

这就是所谓形势比人强！

这就是所谓势利使人争！

要知道，王沈、王业这些人都是曹魏的重臣啊。但是，在他们应该效忠天子的时候，竟然脚底抹油——开溜了！开溜倒也罢了，他们还临阵倒戈，投到司马昭那边去了。

司马昭接到二王的情报，马上就做了部署戒备。一场君臣之间的冲突在所难免。

且说曹髦禀告太后之后，也不顾太后劝阻，拔出宝剑，坐上车辇，一意孤行地甚至是有些疯狂地，带着皇宫里几百号人，大呼小叫地冲出了皇宫，直奔司马昭的相府而去。这支临时组织的军队大概有三种人组成：卫兵，奴仆，还有太监。

当朝天子的这支军队实在有些寒碜，简直是一群乌合之众，其战斗力也就可想而知。

说时迟，那时快，曹髦带领这支人马刚刚出了止车门，就撞上了司马昭派来的第一支军队。这支队伍领头的是谁呢？司马昭的弟弟、屯骑校尉司马伷（zhòu）。

曹髦的部队仗着天子威名，一边冲杀，一边嘴里喊着：天子有事到相府，拦阻者斩！

司马伷的人马心存忌惮，很快被吓退了。

接着曹髦又冲到了皇宫的南阙之下，在这里迎面碰到了司马昭派遣的第二支阻击军队。为首的不是别人，正是司马昭的心腹、当时担任中护军的贾充。

贾充是司马昭的死党，对司马氏的野心心知肚明。他一心要拥戴司马昭做皇帝，自己也借此飞黄腾达。这样的人就像是司马昭豢养的一条狗，只知有主人，不知有皇帝，所以他就不像司马伷那样好对付了。于是双方展开了激烈的战斗。

但是，冒犯天子的龙威，毕竟是大逆不道的事。贾充的军队从来没碰到过这种情况，难免心虚胆战，一边抵挡，一边后退，眼看防线就要被冲破了。

就在这时，有一个人站了出来，打破了僵持的局面。这个人在历史上可以说是骂名千载，遗臭万年。谁呢？就是时任太子舍人的成济。

成济也是司马氏豢养的死士。这些人都是一些有勇力、没脑子的杀人机器，只要主子一声令下，一个个都像打了鸡血似地勇往直前，死而后已。这时成济看情况不妙，不下狠招不行了，就问贾充：“情况危急，怎么办？”意思是，将军您下令吧，您就是让我杀皇帝我也不眨一下眼睛！

贾充本来也在犹豫，一看竟然有自告奋勇的，也来劲了，说：“司马公畜养你们这些人，为的就是今日，还等什么？”

成济一听，立马挺起一把长矛，径直冲到皇帝的车驾前，分身便刺。

曹髦一看，大惊，想说：“天子在此，安得无礼！”话音未落，成济的长矛已经刺进他前胸。由于用力过猛，长矛的锋刃竟然刺穿了曹髦后背！

就这样，大魏的堂堂天子，竟被一介莽夫“秒杀”于车驾之中！有的史书渲染说，在那一刻，原本晴朗的天空突然之间电闪雷鸣，乌云翻滚，暴雨如注，暗无天日。

惨案发生后，举国震惊。司马昭也很恐慌，召集百官讨论如何处理。有人主张杀了贾充，以谢天下。司马昭当然不忍杀掉贾充，于是而求其次，将杀人犯成济治罪，并夷灭三族。就这样，成济成了历史上最著名的一只“替罪羊”。

但是事情还不算完。司马昭可不愿意背上“弑君”的罪名，于是他在政治舆论上大做文章，假托太后名义，对曹髦口诛笔伐，说他悖逆不道、自陷大祸，死有余辜。又废曹髦为庶人，葬礼也按照一般百姓的规格办理。

尚书王经因为忠于皇帝，没有在关键时刻站在司马昭一边，也被满门抄斩。

这场惊天血案的过程，各种史料记载不一。最为简单粗略的就是陈寿的《三国志》。在《三国志·三少帝纪》中，只有这么一行字：“五月己丑，高贵乡公卒，年二十。”意思是：五月七日，高贵乡公曹髦死，享年

20岁。这是对待平民死亡的记述方式。因为曹髦后来被贬为庶人，而陈寿是晋人，所以他是站在司马氏的立场上说话的。

一代少年天子，当众被刺，喋血三尺，最终只换来这么轻飘飘的一行字。

倒是东晋史学家习凿齿的《汉晋春秋》对此事记载得比较详细得体。相关记述的最后，他写到曹髦下葬的情景：“丁卯，葬高贵乡公于洛阳西北三十里瀍（chán）涧之滨。下车数乘，不设旌旐，百姓相聚而观之，曰：‘是前日所杀天子也。’或掩面而泣，悲不自胜。”寥寥几笔，忠奸良莠，一目了然。

公道自在人心，历史总有公论。信然！

老子有句话说：“勇于敢则杀，勇于不敢则活。”（《道德经》第七十三章）意思是，一个人若勇于刚强则容易死，勇于柔弱就可以活。

曹髦就是一个“勇于敢者”，所以招致杀身之祸。曹芳则是“勇于不敢者”，所以他虽然遭受被废的耻辱，毕竟活了下来。

尽管曹髦的行为显得冲动和鲁莽，但他的勇敢还是赢得了世人的尊敬。毕竟，他捍卫了一个皇帝或者是一个男人的尊严。要我说，曹髦是死得其所！

曹髦死后，司马昭又立了一个15岁的傀儡皇帝，曹操的孙子、燕王曹宇之子曹奂。

曹奂，是大魏国的第五个皇帝，也是最终完成魏晋禅代的一个皇帝。本质上讲，他不过是司马昭为了顺利完成政权交接而设置的一个“托儿”，一个“二传手”。

到了这时，“司马昭之心”已经不是“路人皆知”了，而是变成地球人都知道了！

既然司马昭的篡夺之心已经昭然若揭，竹林七贤不可能不知道。

但是，山涛也好，阮籍也好，王戎也好，这时都是司马昭手下的官

吏，不便表态，也不敢表态。一个连皇帝都敢杀的人，眼红了看谁不是一团肉呢？

所以，在曹髦被杀之后，魏晋改朝换代已经成了不可逆转的历史大趋势。文人名士无不噤若寒蝉，唯恐一不小心就身首异处。

只有一个人是个例外。此人竟以一种让人意想不到的方式，向司马昭发起了挑战。

这个人是谁呢？

答案是：嵇康。

也只能是嵇康。

除了嵇康，天下之大，谁还再敢以卵击石、飞蛾扑火？

那么，嵇康到底是采用一种什么样的特殊方式，“单挑”司马昭暴政的呢？

第十二章　真假绝交

绝交山涛

曹髦被杀后，甘露五年（260）六月，15岁的曹奂即位，史称魏元帝，年号由甘露改为景元。

从此，曹魏政权奄奄一息，进入了说长不长、说短不短的五年的倒计时。

就在曹髦被刺杀之后不久，竹林七贤的老大哥山涛接到了嵇康的一封长信。

山涛读完这封信以后，心里是凉飕飕的，沉甸甸的，满腹委屈不知向谁诉说。

他在心里反复地感叹：叔夜啊叔夜，何苦如此啊？你把我骂个狗血喷头不要紧，和我断绝关系不要紧，你何苦要把自己逼到悬崖边上，一条路走到黑呢？

那么，嵇康在给山涛的信里究竟写了什么内容？为什么看完这封信后，山涛会有如此强烈的反应？嵇康为什么要写这封长信？他是真的像很多人所理解的那样，要和山涛绝交吗？

这就要从山涛的官运说起了。

我们前面讲过，山涛自司马师执政时投靠了司马氏，官运亨通。司马昭上台后，他仕途上一路绿灯，这时候已经升至尚书吏部郎。当时，司马氏掌权时政治环境很险恶，很多人都提心吊胆，山涛在司马氏手下做官，有没有危险呢？

答案是：没有。山涛的官之所以做得很安全，原因有三：

第一，山涛和司马氏有亲戚关系，知根知底，至少不是对立面。

但是，光是亲戚也不成。夏侯玄不是也和司马氏有亲戚关系吗？不听

话照样格杀勿论。

所以，第二个原因就很重要，那就是山涛不仅有政治智慧，而且还有政治才干。山涛这个人气度宏大，识见深远，从善如流，懂得权宜变通，所以能在乱世之中，安身立命。王戎说山涛：“如璞玉浑金，人皆钦其宝，莫知名其器。”（《世说新语·赏誉》）也就是说，山涛为人浑朴大气，给人一种渊雅从容、深广难测的印象。这样的人天生是从政的好材料。而且，山涛不像阮籍那样白领俸禄却啥也不干，时不时还要捅个娄子。山涛是真的在干事。我们说，不管是盛世还是乱世，也无论谁主政，真干事的人总是需要的。

第三个原因，山涛出身贫寒，品行端正，他为官后克勤克俭，廉洁奉公，不像那些贪官污吏，一当官家里就“先富起来”。可能正是由于这个原因，司马氏兄弟对这个大表哥非常器重，时不时要接济山涛一下。有一次，皇帝曹芳赐给司马师一件春服，司马师就把它赐给了山涛。山涛的母亲年纪老了，身子骨不够硬朗，司马师还特地送了一根蒺藜木的手杖给她。司马昭上台后，对山涛也很照顾，有一次写信给山涛，说：“足下做事清明，美德出众，考虑到你家里清贫，日用匮乏，今天特意送你钱二十万，谷物二百斛。”总之，这三个表兄弟相处得还不错。

但是，山涛仕途得意之时，也是他的好朋友嵇康落难之时。

司马昭上台后，曾经向嵇康发出过邀请，要他出来做官。但嵇康坚决不干，跑到河东躲避去了，而且一躲就是三年。嵇康的这个行为看似低调，实际上非常危险。

古代有句话：“普天之下，莫非王土；率土之滨，莫非王臣。”嵇康这样做等于宣布，我对你这个新政权不认可，不买账，我不愿意臣服于你，更不愿为你所用。当年伯夷、叔齐是“不食周粟”，现在嵇康是“不为晋臣”。

司马氏是什么样的人？他们都是奉行“顺我者昌，逆我者亡”的独裁者。所以，此时的嵇康虽然不是朝廷通缉犯，至少也已经上了司马昭的黑

名单，处境很不妙。

山涛是个很重情义的人，好朋友嵇康的处境他岂能袖手旁观？

早在甘露三年（258），山涛便接到司马昭的征召，要他去做大将军府的从事中郎。如果山涛接受，他当时担任的尚书吏部郎一职就有个缺额。他想来想去，觉得嵇康目前与司马昭对着干，处境危险，于是就想了个缓解矛盾的办法——推荐嵇康接替自己的尚书吏部郎一职。

这件事最终有没有成功呢？当然没有。因为当时嵇康正避地河东，求仙问道，来无影去无踪的，不易联系，再加上司马昭忙着和皇帝曹髦斗智斗勇，无暇旁顾，这件事也就不了了之。山涛一时找不到“替补”，也就继续在尚书吏部郎的位置上留任。

不久，嵇康从河东回到山阳。一回来，就听好朋友吕安说起了山涛这个动议。后来嵇康也和山涛有过接触，但是彼此都没有再提此事。

转眼就到了甘露五年。这年五月，天子曹髦被杀，政治空气更加紧张，天下士人几乎一边倒地倒向了司马昭。这时候，山涛又接到了司马昭的任命，还是要他到大将军府担任从事中郎。

离任之前的山涛，又一次想到了嵇康。于是山涛就向嵇康正式提出了这个请求，希望嵇康接替自己的尚书吏部郎一职。

应该说，山涛为嵇康打算得很好，可以说是用心良苦。只要你嵇康接受这个职位，警报便可以解除，目标也就不那么大了，司马昭也就不会把你当作“眼中钉肉中刺”了，以后你就可以像阮籍那样，爱干啥干啥，何乐而不为呢？

此时此刻，山涛的心态很值得玩味。

以我们对山涛的了解，我们绝不否认，作为一个年长的朋友，山涛推荐嵇康替代自己的职位，并无险恶叵测的居心，更多的是出于朋友的一番好意。但是，我们千万不要忘了，此时的山涛并非一个“自然人”，不是当年与嵇康优游竹林的隐士了，他有他的社会角色和政治身份。具体说，

他已经是司马氏阵营中的一员。

这样一来，我们就不能排除山涛让嵇康接替自己之议，有着政治上的实在的动机。什么动机呢？说得难听点，那就是替司马昭收编嵇康，招安嵇康。可能山涛自己都没有意识到，他这样做，本质上是在对嵇康进行变相的“政治贿赂”。无形之中，他已经充当了司马氏的一名“说客”甚至是“帮凶”。

另外还有一点，也值得注意。我们同样不能排除山涛有着更为隐秘和自私的动机。

也许在潜意识里，山涛也觉得自己为司马氏服务是羞耻的，而嵇康的高风亮节和坚决不与司马氏合作的激烈态度，更加深了他的这种羞耻感。所以，他要拉嵇康入伙。因为只有这样，他才能够坦然面对这位伟大而又高尚的朋友。

当然，这可能是连山涛自己都没有觉察到的“潜意识”。

但是，这种“潜意识”却被嵇康敏感地觉察到了。要知道，当时曹髦被杀不久，司马昭之心，路人皆知。嵇康的一腔怒火正左冲右突，无处发泄。所以，当他知道山涛让他“接班”的动议，很快便写下了一封两千多字的长信。

这封流芳千古的书信，为我们展现了嵇康丰富而又美好的内心世界，同时，也把山涛钉在了耻辱柱上。

拒官宣言

在这封让山涛冷汗直冒的长信中，嵇康到底都写了些什么呢？简单说，有这么三个内容。

第一，就是讽刺山涛。

嵇康一开头就说：当年足下曾和您的叔父山嵚（qīn）称道过我的隐居之志，我经常说那是知音之言。但是我心里又很纳闷，我当时和您并不熟悉，您怎么知道我内心所想呢？前年我从河东回来，听朋友们说起，您在将要高升之前，竟然想要让我代替您的职位。事情虽然没有成功，但我总算知道，您其实根本不了解我。您是左右逢源之人，所以您对天下之事，赞成的多，见怪的少；我却不行，我这个人性格固执，心胸狭窄，很多事都不能容忍，不过是因为偶然的机会和您有了交往罢了。

山涛读到这样的开头，肯定会倒吸一口凉气，心想，自己触霉头了！接下来，嵇康写得更刁钻，他说：

> 间闻足下迁，惕然不喜，恐足下羞庖人之独割，引尸祝以自助，手荐鸾刀，漫之膻腥，故具为足下陈其可否。

意思是：最近我听说您又高升了，心里非常忧惧，毫不觉得可喜。我只恐怕您是独自做官感到不好意思，所以要荐引我嵇康出仕，这样大家彼此彼此，您也可以心安理得了。这就像那些厨房里的屠夫，不好意思一个人杀猪宰羊，于是就把管祭祀的祭师找来帮忙一样，让我手里也拿着屠刀，也跟着沾染上一身膻腥。既然这样，那我就要好好和您说道说道，这样做可不可以。

读到这里，我们会有一个感觉，就是嵇康和山涛压根儿就没有达到契若金兰的境界。你看，嵇康的态度多么冷淡，语气多么轻蔑！

这也很容易理解：不把距离拉远些，很多激烈的话就说不出来。

接着嵇康又举了古代好多圣贤和隐士的例子，说他们不管是出仕还是隐居，都是根据自己的志向行事的，因为“志气所托，不可夺也”。言下之意，我并不觉得您做官有什么不好，可是您也不要以为我不做官有什么

不好，大家志向不同，都不要互相勉强。又说：

> 不可自见好章甫，强越人以文冕也；己嗜臭腐，养鸳雏以死鼠也。

——您不能因为您自己喜欢戴着漂亮的华冠，就强迫断发文身的越地的人也戴上帽子；也不能因为您自己喜欢腐臭之物，就非要拿死老鼠去喂养只爱吃美食、饮甘泉的小鸳鸯！言下之意，您自己好这口，不要以为别人也都是逐臭之夫。您把我嵇康看得也太贱了！

这种毫不留情的讽刺笔法，真是痛快淋漓，入木三分。

第二个内容，就是自明心志。

嵇康说到自己的性情及生活习惯，更是让人大跌眼镜。他说：

> 性复疏懒，筋驽肉缓，头面常一月十五日不洗，不大闷痒，不能沐也。每常小便而忍不起，令胞中略转乃起耳。

意思是：我是一个性情疏放懒散的人，筋骨驽钝，肌肉松弛，一个月、十五天不洗脸是常有的事。头发如果不觉得闷痒，也就很少洗头。而且，我经常忍着小便不愿意起身，非要等到膀胱胀得咕噜噜乱转时才去方便。

谁能想到，一个龙章凤姿的大帅哥，竟是这般不修边幅、懒散无比呢！其实，嵇康这样说难免有夸张的成分，目的就是说明自己喜欢自由自在，不愿意受任何约束。

> 此犹禽鹿，少见驯育，则服从教制；长而见羁，则狂顾顿缨，赴蹈汤火；虽饰以金镳，飨以嘉肴，愈思长林而志在丰草也。

嵇康说：这就好比被擒的野鹿，如果从小就被人驯养，就会服从管教约束；如果是长大以后才被抓住，那它肯定会疯狂四顾，挣断缰绳，哪怕是赴汤蹈火也在所不惜。即使给它装上黄金的笼头，给它食用精美的佳肴，仍然无法阻止它对深林芳草的向往之情。

这段以野鹿自况，尤其可见嵇康的自由意志和叛逆精神。

第三个内容，我以为是这封信中最精彩的，那就是著名的“七不堪”“二不可”。

嵇康说，我思来想去，觉得自己生性慢弛，对于仕途，有“必不堪者七，甚不可者二”。

哪七不堪呢？我们列举如下：

卧喜晚起，而当关呼之不置，一不堪也。

——我喜欢睡懒觉。做官之后，每到早晨，看门的差役就会大呼小叫喊我起床，这是我第一个不堪忍受的。

抱琴行吟，弋钓草野，而吏卒守之，不得妄动，二不堪也。

——我喜欢抱着心爱的古琴四处游荡，边走边唱。喜欢到长满芳草的野外去射射鸟、钓钓鱼。做官之后，身边老是跟着小吏士卒，前呼后拥，一点行动自由都没有，这是我第二个受不了的。

危坐一时，痹不得摇，性复多虱，把搔无已，而当裹以章服，揖拜上官，三不堪也。

——做官之后，人要正襟危坐，四肢疼痛麻木了也不能摇晃。而我这

个人身上多虱子，痒起来要挠个没完，如果这时再穿上厚厚的官服，去拜见上级领导，到处作秀，这是我第三个受不了的。

素不便书，又不喜作书，而人间多事，堆案盈机，不相酬答，则犯教伤义，欲自勉强，则不能久，四不堪也。

——我平常不习惯写信，也不喜欢写信。但人世间事务繁多，做官之后，各种文书堆满书案，不回复吧，会违犯礼教，损害道义，勉强回复吧，又不能持之以恒，这是我第四个不能忍受的。

不喜吊丧，而人道以此为重，已为未见恕者所怨，至欲见中伤者；虽瞿然自责，然性不可化，欲降心顺俗，则诡故不情，亦终不能获无咎无誉如此，五不堪也。

——我不喜欢吊丧，而为人处世的规矩却以此为重，我已经因此而被人所怨恨，甚至有人还想因此陷害我。虽然我经常胆战心惊地自责，但是本性很难改变，想要压抑本性随波逐流吧，又违背自己的本心，也不合真实的性情，到头来当然无法做到既无过错也无赞誉。这是第五件我不能忍受的事。

不喜俗人，而当与之共事，或宾客盈坐，鸣声聒耳，嚣尘臭处，千变百伎，在人目前，六不堪也。

——我不喜欢俗人，而做官之后却要和他们共事。有时候宾客满座，吆五喝六，嘈杂刺耳，乌烟瘴气，为了私利，各种伎俩都使出来了，丑态百出，尽显目前。这是我第六件不能忍受的事。

心不耐烦，而官事鞅掌，机务缠其心，世故烦其虑，七不堪也。

——还有，我这个人性情本就不耐烦。做官之后，公事纷繁，要务缠身，人情世故的考虑烦扰身心，这是我第七件不能忍受的事。

这就是“七不堪”。“不堪”，其实就是不愿意，不喜欢。

“不可”，其实就是不可以，不能够，不适合。

哪“二不可”呢？

每非汤、武而薄周、孔，在人间不止此事，会显世教所不容，此甚不可一也。

嵇康说：我经常非难古代的圣王商汤和周武王，鄙薄著名的圣人周公和孔子。然后他话锋一转，又说，在人世间不止这一件事。言下之意，更大逆不道的事不是也有吗？有学者认为，这里嵇康之意是指曹髦被司马昭党羽所杀之事。是不是呢？有可能。嵇康又说，我的这种不合时宜的言论一旦暴露出来，肯定会被世俗的礼教所不容。

这是我“甚不可”出来做官的原因之一。第二个“不可”是：

刚肠疾恶，轻肆直言，遇事便发，此甚不可二也。

意思是，我这个人性格刚直，不会绕弯子，疾恶如仇，轻率大胆，直言不讳，遇到看不惯的事情就会发作，一点城府都没有，这是我“甚不可”出来做官的原因之二。

接着嵇康又说：以我这种心胸狭窄的性格，统领这九种忧患，即使没有外来的灾难，也会产生精神上的疾病，哪里还可能久处人世呢？

通篇文章嵇康都在自贬，但骨子里他是在自傲。自贬是为了贬人。

所谓“七不堪”“二不可”，就是嵇康坚决不做司马氏政权官员的九大理由。

嵇康还十分讽刺地说：我这样远离仕途，不是因为我有什么经天纬地之才，而是因为我毛病太多，想要远离世务，保全自我，进而安度余年，这没什么值得称赞的。你怎么能见到一个太监，明明知道他是太监，却要称赞他保住了贞洁呢？难道你非要把我也拉到仕途和官场你才开心吗？如果你一定要逼迫我，那我必然会精神失常，甚至彻底疯掉。如果你不是和我有深仇大恨，应该不至于如此吧？

言下之意，让我做官，等于害我啊！

最后，嵇康讲了个故事。说从前有个农夫，自以为晒太阳很舒服，吃了芹菜觉得味道鲜美，就想把这两种享受奉献给帝王。虽然很有诚意，但实在是太迂阔了。我希望你不要像这种人。我给你写这封信，就是要表达这样的意思，让你明白我的心意，并以此信和你告别。

嵇康整篇文章气势磅礴，嬉笑怒骂，快人快语，一气呵成，读来如见其人，如闻其声。嵇康的自由精神、高洁人格和不屈个性，犹如光风霁月，荡涤人心。

这封信后来被收入梁代昭明太子萧统所编的《文选》之中，起了一个很雷人的题目，叫作——《与山巨源绝交书》。

那么，嵇康给山涛写这封信，是不是为了绝交呢？

学者们对此颇有争议。

有的认为，嵇康的确是要和山涛绝交。因为山涛不仅投靠了司马氏，还要污人清白，把嵇康也拉下水，这样的人已经不配和他做朋友了。

也有人认为，嵇康并不是真的要和山涛绝交。他是要借此机会向司马氏挑战，告诉司马昭，他绝不会向他的暴政低头，绝不会做他的官，他要终生保持自己的独立和自由。

持后一种观点的学者有一个很过硬的证据，那就是，嵇康被杀之前，曾

经把自己年仅10岁的儿子嵇绍托付给了山涛，并对儿子说：“巨源在，汝不孤矣！”意思是，有你山伯伯在，你不会成为孤儿的！这话是在他写绝交书两年之后说的，说明嵇康临终之时，仍然把山涛当作最可信赖的朋友。

我比较同意后一种观点。也就是说，嵇康写这封信其实是通过山涛向司马昭表明坚决不合作的立场。同时，也借这封信和山涛划清界限，以免山涛因为自己遭受无妄之灾。

但我同时也认为，嵇康在写信的时候，的确也有对山涛的失望和决绝的意思在里面。至于以后的托孤，也是气消之后情理之中的事。

嵇喜的《嵇康别传》说得很清楚：“山巨源为吏部郎，迁散骑常侍，举康，康辞之，并与山绝。岂不识山之不以一官遇己情邪？亦欲标不屈之节，以杜举者之口耳。乃答涛书，自说不堪流俗而非薄汤武。大将军闻而恶之。”

嵇喜是嵇康的哥哥，其中微妙，他最清楚。“欲标不屈之节，以杜举者之口”，绝非虚语。

所以，确切地说，这是一封借力打力、半真半假的绝交书。

然而，正是这封绝交书，使司马昭怀恨在心，为嵇康后来被杀埋下了伏笔。

谁又能想到，就在这封信发出以后不久，嵇康竟然又写了一封绝交书呢？

吕安事件

俗话说：屋漏偏遭连夜雨，船破又遇顶头风。就在嵇康给山涛写绝交书之后不久，发生了一件谁都意想不到的事。

因为这件事，嵇康掉进了一个致命的陷阱；也因为这件事，嵇康写下了平生第二封绝交书。如果说，和山涛的绝交是半真半假的话，那么这第二封绝交书则是板上钉钉，毫无争议了。

这个被嵇康断然绝交的人是谁呢？

他，就是吕安同父异母的哥哥吕巽（xùn）。说起来，嵇康和吕巽也曾经是朋友。因为吕巽的关系，嵇康才得以认识吕安，二人一见如故，相谈甚欢，成了莫逆之交。

那么，嵇康为什么要与吕巽绝交呢？

这就要说到吕安事件了。正是吕安事件，成了嵇康被杀的导火索。

吕安事件可以分成三个阶段。

第一阶段还属于家庭纠纷。什么纠纷呢？原来吕安的哥哥吕巽虽然喜欢结交名流附庸风雅，但骨子里却心术不正。他一向嫉妒弟弟吕安的才华，处处刁难吕安。吕安敬他是兄长，常常息事宁人。

吕安的妻子徐氏，年轻貌美。作为兄长的吕巽竟然垂涎弟媳的美貌，图谋不轨。有一次，吕巽竟然趁吕安外出之际，把徐氏灌醉，将其诱奸。

俗话说：兔子不吃窝边草。可是吕巽竟然连弟媳都不放过，真是禽兽不如的人渣！

吕安得知真相后，肺都要气炸了！他把此事告诉最好的朋友嵇康，并表示自己一定要将此事告官。嵇康知道后，也很气愤，但是出于对朋友家庭声誉的关心和维护，便劝吕安暂且隐忍不发，待他居中调解后再做处理。

嵇康找到吕巽，严厉谴责他的丑恶行径。吕巽做贼心虚，便作痛心疾首状苦苦相求，并答应从今往后同弟弟亲善和睦。嵇康信以为真，就去安慰吕安，劝他隐忍。吕安一来最敬重嵇康，二来也觉得家丑不可外扬，便答应暂不告发，大事化小，小事化了。事后嵇康还不放心，又去找到吕巽，要他痛改前非，承诺不要再起事端。吕巽当然又是信誓旦旦。

用现在的话说，事情就这样“私了”了。

谁知没过多久，竟传来吕安被捕的消息。

于是吕安事件进入了第二阶段，由家庭纠纷演变成了一桩刑事案件。

明明是吕巽犯罪，怎么被捕的却是吕安呢？

原来，吕巽当初答应嵇康，不过是“缓兵”之计。这时他已经投靠司马昭，并且和时任司隶校尉的钟会打得火热。是不是钟会暗中为他出谋划策，欲置吕安于死地？没有文献的证据，但我个人认为，不排除这种可能。因为司隶校尉正是负责监察、弹劾京师官员的司法要员，钟会当年遭到嵇康的轻视和奚落，早已怀恨在心，而吕安是嵇康最好的朋友，如果给吕安制造一个冤假错案，就有可能把嵇康给引出来，然后来个一箭双雕，一石二鸟。

所以，不排除钟会利用职务之便借刀杀人的可能。

总之，吕巽仗着钟会给自己撑腰，出尔反尔，来了个恶人先告状。

他诬告吕安什么呢？诬告吕安“不孝”，殴打母亲、诽谤兄长。要知道，当时司马昭号称“以孝治天下”，“不孝”之罪非同小可，轻者流放，重者杀头。加上吕巽和钟会早已狼狈为奸，所以这个状当然一告就准。

就这样，吕安被判流放到边疆地区。无辜获罪的吕安，真是比窦娥还冤！

嵇康听到这个消息，犹如五雷轰顶。对吕安的不幸遭遇，他十分内疚。当初要不是他出面劝说、调停，吕安就不会放过吕巽，给他以可乘之机，吕安本人也就不会反受其祸，含冤受辱。嵇康一向善良，他哪里会想到，人心如此险恶，自己一向引为至交的吕巽，竟然是一个人面兽心的无耻之徒！

怎么办？嵇康一介书生，只有用笔来解决问题。于是他又写下了平生第二封绝交信——《与吕长悌绝交书》。在这篇不足三百字的短文中，嵇

康以十分冷峻、决绝的语气回顾了与吕巽相交的过程，以及此事发生前后吕巽的所作所为，撕开了吕巽的画皮。最后他说：

> 都（吕安小字）之含忍足下，实由吾言。今都获罪，吾为负之。吾之负都，由足下之负吾也。怅然失图，复何言哉！若此，无心复与足下交矣。古之君子，绝交不出丑言，从此别矣，临别恨恨。嵇康白。

大意是：阿都之所以含垢忍辱没有告发你，其实是由于我的劝阻安慰之言。现在阿都竟然被判了罪，这是我辜负了他。我之所以辜负了阿都，是因为你背信弃义，辜负了我的缘故！现在我满怀惆怅，不知如何是好，也不知道和你还有什么可说的！既然如此，我无心再和你做朋友了。古代的君子，绝交不说丑话，从此你我就恩断义绝，一刀两断。

随后，义愤填膺的嵇康不顾凶险，只身前往洛阳，准备为吕安辩护、作证。

一波未平，一波又起。吕安事件紧接着就进入到第三个阶段，普通的刑事案件升级为谋逆之罪，流放犯成了政治犯。

原来，就在被流放的路上，吕安写了一封言辞激烈的信给嵇康，大意是现在天下大乱，风云激荡，我恨不得一脚踢翻昆仑山，再一脚踹倒泰山，扫荡乾坤，改天换地！这封信表达了对现实的强烈不满，尽管没有明说，但等于是用文字造了司马昭的反。

一个流放犯人的私信当然并不安全，这封信很可能在嵇康未看之前就已经被钟会等人“拦截”了。白纸黑字，铁证如山。钟会就像是一条吐着红色信子、等待已久的毒蛇，他终于抓住了这个置嵇康于死地的绝佳机会。

那么，钟会究竟是怎么陷害嵇康的？面对死亡的嵇康，又有怎样卓绝的表现呢？

第十三章　广陵绝唱

落井下石

我们前面说到，吕安事件由家庭纠纷升级到刑事案件，吕安被哥哥吕巽恶人先告状，被判处流放边地之刑。

这真叫飞来横祸！吕安怎么也没有想到连自己的亲哥哥都会对自己下这样的毒手，他心中的痛苦可想而知。对现实极度不满，对人性极度失望，于是吕安写了一封言辞激烈的信给嵇康，抒发心中的不平之气。

他万万没有想到，这封信竟然落入了钟会一伙手中，构成了吕安新的罪证。更不幸的是，无辜的嵇康也因为这封信受到了牵连。如果说，吕安因为“不孝”之罪已经被处以流放之刑的话，那么现在，这封信又给他加上了一道更可怕、更严重的罪名——言论放荡，悖逆不道。而这个罪名，足以将吕安置于死地！

面对这起突发事件，嵇康的态度是怎样的呢？

按说，这起已经升级的刑事案件暂时和嵇康没有关系。如果嵇康只是和吕巽绝交，从此继续过他的隐居生活，即使厄运最终要降临，也不会这么快。

但是，嵇康毕竟是嵇康。他不是个不讲义气的人，也不是个胆小怕事的人，于情于理，他都不能眼睁睁地看着朋友吕安被小人陷害而无动于衷，袖手旁观。于是，嵇康做出了一个他认为必须如此的选择，就是只身前往洛阳，为已经流放的吕安当庭辩护、作证、鸣冤。

殊不知这样一来，恰恰中了钟会和吕巽的奸计。

嵇康如果不来辩护，老老实实待在家里，钟会尽管有心报复，也不敢无中生有，兴师问罪。现在嵇康竟然自投罗网来了，这就给了钟会一个罗织罪名、报仇雪恨的机会。加上这时吕安的那封言辞激烈的信又撞到了枪

口上，于是，作为收信人的嵇康也就成了同案犯。这不是一般的小案子，而是受到最高当局即司马昭亲自过问的大案、要案。

我们可以想象，当时在法庭上一定经过一场唇枪舌剑的激烈辩论。作为证人和辩护人的嵇康，义正词严地摆事实，讲道理，加上他的风度、口才都是超一流的，所以，从场面上来讲，嵇康占据了上风，舆论几乎呈一边倒的趋势，民间声援嵇康和吕安的呼声一浪高过一浪。

这就给想要借刀杀人的钟会也出了一道难题。

但钟会毕竟不是一般人，他是要阴谋、弄诡计的行家里手。他知道嵇康为吕安辩护本身不足以置其于死地。司马昭虽然杀人不眨眼，但他杀人也是需要理由的。况且，像嵇康这样众望所归的名士，杀和不杀，哪一个更有利，司马昭能不慎重权衡吗?

现在，对钟会有利的一点是，司马昭对嵇康本来就很忌惮，本来就有一股无名火。那就让他更加忌惮！那就给他火上浇油！钟会的策略是，把火力点由这个具体的诉讼案子上转移开来，转移到“意识形态领域”，也就是给嵇康“上纲上线”。最好把嵇康说成是司马氏得天下的拦路虎和绊脚石，是最大的反对派，从而把矛盾上升到你死我活的地步。

钟会明白，只有这样，才能说服司马昭，对嵇康痛下杀手。

于是，在针对吕安一案的一次朝廷讨论中，作为此案的审理者，钟会当着大庭广众指出嵇康的罪名。他说：

> 今皇道开明，四海风靡。边鄙无诡随之民，街巷无异口之议。而康上不臣天子，下不事王侯，轻时傲物，不为物用。无益于今，有败于俗。昔太公诛华士，孔子戮少正卯，以其负才乱群惑众也。今不诛康，无以清洁王道。（《世说新语》注引《文士传》）

大意是：当今皇上圣明，天下归心，边境之地没有作奸犯科的刁

民，街头巷尾没有不满朝廷的言论。只有嵇康，“上不臣天子，下不事王侯”，恃才傲物，不愿为当今之世所用，这样的人不仅不会有利于当下，反而会败坏风俗世心。当年姜太公诛华士，孔子杀少正卯，都是因为他们乱群惑众的缘故。现在如果不把嵇康这样的人杀掉，要想让天下太平，王道清洁，恐怕是不可能的！

钟会的这番话，真的叫落井下石。别的不说，单是“上不臣天子，下不事王侯”一句，便可将嵇康置于死地。

根据《晋书·嵇康传》记载，钟会私下里还对司马昭说：“嵇康，卧龙也，不可起。公无忧天下，顾以康为虑耳。”意思是，嵇康，那可是一条卧龙啊！千万不能让他有出头之日。明公您现在万事俱备，不必担心其他人，只有嵇康乃是心腹之患。

钟会那会还没有心理学，但他太懂人的心理了。他说嵇康是“卧龙”，真是戳到了司马昭的痛处。你想，司马昭刚刚把写过《潜龙诗》的少年天子曹髦干掉，现在冷不丁又出现一条民间的“卧龙”，那还了得？司马昭不起杀心才怪！

接着钟会又使出一把杀手锏，说：“当年毌丘俭在淮南谋反，嵇康曾欲起兵援助毌丘俭，因为山涛劝阻才没有成功。这样后脑勺长着反骨的人，岂能让他逍遥法外？”

这是史籍中对嵇康响应毌丘俭一事的第二处记载。从钟会言之凿凿的语气来看，似乎嵇康起兵响应毌丘俭确有其事，而司马昭事先并不知情。但也不能排除这样一种可能，就是本来没有这样一桩事，因为钟会的诬陷，写历史的人也就把它当作真事写进历史中了。

不管怎样，司马昭听到这个爆炸性的新闻，当然会大吃一惊，暴跳如雷。要知道，嵇康是曹家的女婿，他做什么对司马氏不利的事似乎都有可能。“这个真没有”的事到头来就会变成“这个可以有”。欲加之罪，何患无辞！

钟会见司马昭上套了，继续说：“康、安等言论放荡，非毁典谟，帝王者所不宜容。宜因衅除之，以淳风俗。”意思是嵇康、吕安等人一贯言论放荡，无所顾忌，经常诽谤经典，诋毁国策。历来做帝王的对这些异端分子总是大加挞伐，绝不留情。像嵇康、吕安这样离经叛道的人，明公更应该大刀阔斧地铲除殆尽，只有这样才能使风俗纯净，天下太平！

无论是在朝堂之上，还是密室之中，钟会凭着他那三寸不烂之舌，信口雌黄，颠倒黑白，愣是把嵇康、吕安说成大逆不道、十恶不赦之人，似乎不杀不足以平民愤。

就这样，无辜的嵇康因为吕安事件被捕下狱。吕安也被从流放地押解回京，打入死囚牢，等待秋后问斩。

勇敢的心

嵇康、吕安的冤狱引起了朝野的极大震动。

让司马昭和钟会始料不及的是，嵇康入狱后，竟然引起了一次不小的骚乱。据王隐的《晋书》记载：

> 康之下狱，太学生数千人请之，于时豪俊皆随康入狱，悉解喻，一时散遣。

嵇康入狱后，有好几千名太学生为嵇康抱不平，公开请愿。当时一些豪杰俊士群情激奋，竟然要陪着嵇康一同坐牢。这种事情历史上绝无仅有。朝廷方面当然不敢怠慢，动用了大量的人力物力，对这些豪杰之士进行解释和安抚，总算把他们遣散了。

这是一次自发的民间的抗议和声援，说明嵇康的冤狱，不仅没有平民愤，反而激起了极大的民愤。嵇康在当时社会上的影响力可见一斑。此时的嵇康，已经不仅是太学生的精神偶像了，甚至成了整个社会的孤胆英雄、正义化身。

那么，嵇康入狱之后，心态上又有什么变化呢?

应该说，嵇康虽然侠肝义胆，为吕安辩护也义无反顾，一往无前，但是，他毕竟心地善良，陷入这样一个无妄之灾，也是他始料不及的。

孟子说："知命者不立于危墙之下。"懂得天命的人不会站立在倾危的高墙之下。也就是说，人总是有求生避害的本能。嵇康入狱以后，真是"龙游浅水遭虾戏，虎落平阳遭犬欺"。可想而知，他的心情一定灰暗萧索，满腔幽愤。

于是，嵇康写了一首四言《幽愤诗》，对自己的一生思想发展进行回顾、反思和总结。他说到自己性格上的弱点——"好善暗人"，就是心地善良，总是把人往好处想，总是与人为善，但是却不善于识别人的好坏，看不出那些包藏祸心的小人。这是指他和吕巽的交往，是一次重大的失误，这失误导致了自己无辜获罪，身陷囹圄。

令人想不到的是，嵇康也在这首诗中表达了一种惭愧懊悔之意。他说：

欲寡其过，谤议沸腾，性不伤物，频致怨憎。

自己一向都想减少过错，但是诽谤非议却纷纷扬扬；自己本性不愿伤害别人，可是却屡屡得罪小人，被小人怨恨憎恶，落井下石。

接着嵇康提到了两个人。一个是春秋时候鲁国的贤人柳下惠。柳下惠曾经做过三次士师，也就是法官，但是三次都因为秉公执法而被罢免，后来隐居柳下，安贫乐道，美名远播。柳下惠是嵇康非常崇拜的古代贤者，

因为他无论出仕还是隐居，都能从容应对，善始善终。

另一个则是当时著名的隐士孙登。孙登其人，是个很有传奇色彩的人物。他常年隐居在山中，行为怪诞，不食人间烟火，名声很大。阮籍曾去拜访他，与他谈古论今。没想到他嘴巴比阮籍还严实，从头至尾不作一声。嵇康也跟随他游学三年，问他有何抱负，孙登也始终不答。嵇康临别之时，问他："难道先生竟无临别赠言吗？"孙登就指出："子才多识寡，难乎免于今之世也。"说嵇康性情刚烈，才虽多而见识少，不懂得保身之道，很难在这样一个乱世保全自己。

当时嵇康不信，现在看来孙登说得果然不错。想到这一古一今两位贤人，嵇康写道：

昔惭柳惠，今愧孙登。内负宿心，外恧（nǜ）良朋。

意思是：我思前想后，觉得自己不能贯彻隐居之志，不能忘情于尘世间的是是非非，真是愧对像柳下惠那样的古代君子，也无法面对孙登这样的世外高人。对内，我辜负了自己与世无争、逍遥自适的夙愿；对外，我也愧对像吕安这样的好友良朋。

诗中还写到，自己遭受这次牢狱之灾，实在与自己刚烈不羁的性格有关，自己原本是想浪迹山林、服食养生、颐养天年的，何曾想到会落到今天这步田地？

这首诗有自责，有愧疚，也有矛盾，有懊悔，回环往复，愁肠百结。读到这里，我们会想：嵇康怎么了？为什么光明磊落、大义凛然的他要这样自怨自艾、顾影自怜？

不仅如此，在狱中，嵇康还写了一篇《家诫》，苦口婆心地告诫子女应该谨言慎行，小心做人。事无巨细，反复叮咛。连最喜爱嵇康的鲁迅看了都说，这篇文章中的嵇康和现实中的嵇康，"宛然是两个人"！

但是，我以为，正因为矛盾，才更加真实。毋宁说，真实本来就包含着矛盾！

作为一个反抗暴政的斗士，嵇康固然义无反顾，向死而生。但是作为一个父亲，他的“百炼钢”却顿时化为了“绕指柔”。他不希望孩子也这么赴汤蹈火，他不希望孩子拥有和自己一样的人生。这有错吗？当然没错！这是蘸着血泪的深沉的父爱，饱含着浓得化不开的舐犊深情！

鲁迅说过：“无情未必真豪杰，怜子如何不丈夫？”

在我看来，嵇康就是一个真豪杰，大丈夫！

有的学者认为，嵇康这样的仁人义士在临刑前，似乎不应该表现出如此的矛盾和懊悔之情，这与他的光辉形象不符。果真如此吗？

我的看法正好相反。我以为，正因为嵇康在临终前有着这么多的矛盾和懊悔，他的形象才更加可敬可亲。

嵇康为什么会矛盾，会纠结，会悔恨？

因为他对生命有着强烈的爱，对生活有着美好的憧憬。他还不到40岁，他想好好地活下去，自由自在地活下去，至少他绝不想身首异处，死于非命！从这个角度上说，嵇康不仅应该矛盾，应该懊悔，甚至还应该有恐惧。

为什么？因为他不是神，而是人。

嵇康不是一个“高大全”的人，但他是一个“真善美”的人。

每次想到嵇康的死亡，我都会想起美国的一部史诗巨片——《勇敢的心》。我忘不了影片末尾，梅尔·吉普森主演的苏格兰民族英雄威廉·华莱士在行刑的前夜，在黑暗的牢房中因恐惧而颤抖、而默默祈祷的那一幕。我以为这是影片的点睛之笔。

爱生者难免恶死，英雄也不例外。华莱士是一个民族英雄，但他照样有着常人对于死亡的恐惧。因为，再勇敢的英雄也是人，而不是神。

英雄之所以勇敢，是因为他内心有着强大的信念。这信念让他坚信，

面对强权，慷慨赴死比苟且偷生更有意义，更能彰显生命的价值和尊严。与其求饶获得生命，不如由死亡实现自由。

所以，第二天，华莱士带着一颗勇敢的心，走向了刑场，在遭受惨绝人寰的酷刑之后，在死亡就要降临的时候，他拼出全身力气，喊出了一个震撼人心的词：“自由！……”

我觉得，即使嵇康在狱中有过自责和悔恨，也都无损他的伟大和勇敢。如果他像宋江那样，选择被招安，那他完全可以活下去。但他最终选择的是，宁为玉碎不为瓦全。

嵇康和华莱士一样，都拥有一颗“勇敢的心”。有了这颗美丽的心灵，他才能在刑场上，完成一曲永远让后人肃然起敬的“天鹅之死”。

天鹅之死

现在，我们终于说到嵇康之死了。这是竹林七贤故事中最感人也最悲壮的一幕。

行刑的这一天，京城洛阳万人空巷，东市刑场人山人海。上至贵族士大夫，下至黎民百姓，嵇康的亲族、朋友，认识的，不认识的，大家都聚集在刑场上，足足有上万人。以往，人们到这里是看热闹，今天气氛大不一样，大家是为两位当世最具风骨的名士送行。我们可以想象，人群中，有的人在窃窃私语，有的人在默默流泪，有的人则义愤填膺。

就在行刑之前，又发生了一件很轰动的事。

什么事呢？虽然不是“劫法场”，但性质差不多。

原来是三千太学生又闹事了。我们知道，嵇康曾在洛阳的太学里抄写过石经古文，和太学生有过广泛接触，以超人的风度和学识赢得了太学生

的爱戴。此时此刻，太学生们实在不忍心看着他们的精神偶像成刀下鬼，于是自发聚集起来，向司马昭公开请愿。

太学生们联名上书，请求释放嵇康。不仅如此，他们还请求嵇康到太学里做他们的老师。要求一个死刑犯做国家最高学府的老师，这哪里是请求，分明是抗议啊！司马昭当然不会答应。不仅不答应，他更觉得嵇康真是“卧龙”，非杀不可了。《晋书·嵇康传》上说：

> 康将刑东市，太学生三千人请以为师，弗许。

死刑继续执行。但是，在行刑之前，又一件不可思议的事情发生了。

当时，所有人都把目光对准了刑场上的嵇康和吕安。只见两个人镇定自若，神气不变。那似乎不是行将就戮的死刑犯，而是赴宴的宾客，下凡的天仙，衣带飘飘，气度非凡！

当嘈杂的人声安静下来之后，嵇康缓步走到刑场边缘，对人群中的哥哥嵇喜说：“我的琴可曾带来？”说来也是心有灵犀，嵇喜知道弟弟平生最爱弹琴，此时他就把琴带来了。于是嵇喜连忙取出这把跟随嵇康多年的古琴，递给了弟弟。

嵇康接过琴，看了一眼天边的太阳，坐下来，调准了琴弦，平静了呼吸，然后手挥目送，轻拢慢捻，开始弹奏起来。琴声，犹如一只苍鹰，振翅而起，在刑场的上空缭绕、盘旋。然后，俯冲下来，仿佛一枚响箭，呼啸着，击中了每一个人的心田。

嵇康弹的这首曲子就是著名的《广陵散》。《广陵散》描述的是战国时的侠客聂政刺杀韩相侠累的故事。可想而知，那音乐一定是大气磅礴，雄浑壮烈。乐曲表达的反抗暴政的主题和嵇康此时此刻的心情正相吻合。嵇康的两只灵巧无比的手，仿佛在每一个人的心弦上拨动。刑场上万众肃立，如痴如醉，陶醉在那时而悠扬、时而激越，如泣如诉、如怨如怒的琴

声之中。

此时此刻，时间仿佛停止了，很多人也许在心里这样喊着：时间啊，你慢一点！音乐啊，你不要停！

不知道过了多久，琴声戛然而止。

嵇康放下琴，感叹地说了一番话，这番话成为世界上最动人、也最美丽的临终遗言。嵇康说："当年，一个叫袁孝尼的朋友曾向我求学此曲，我拒绝了他。没想到现在，这首《广陵散》就要成为绝唱了！"说罢，引颈就戮，慷慨就义。

一代天骄、人中龙凤的嵇康，就这样离开了这个世界。

这一年，是景元三年（262）秋天。

这一年，嵇康还不满40岁，正是风华正茂的时候。

嵇康之死，可以说是人类历史上最美丽、最动人的死亡事件，以至于后人想起他的死，感受到的不仅有悲情、有哀痛，更多的还有一种振奋、一种升华。那是高贵的生命带给生者的尊严感和自豪感，我们仿佛亲眼看见了一个高贵的灵魂浴火重生，凤凰涅槃。

从此，中国人的词典里就有了一个无比崇高和凄美的典故——广陵绝唱。

为什么嵇康之死会被后人津津乐道，深深缅怀？

我想，可能是因为这个故事中有三个出人意料的地方。

第一个出人意料之处，就是在刑场上，作为死刑犯，嵇康竟然不提其他任何要求，反而要弹奏一首琴曲。这太不可思议了！而且，他的这个要求居然会被允许，这就更出人意料了！

千年之后，我们会为这一意外感到错愕，感到欣慰，甚至感到庆幸。

试想，如果这个要求不被允许，我们还能领略到这么一场惊天地、泣鬼神的告别演出吗？如果是那样，这个死亡故事留给我们的，也就只有悲伤和遗憾，而没有巨大的震撼和美感了。

第二个出人意料之处，就是嵇康居然在临行前那种非常紧张和恐惧的气氛中，还能够临危不乱，处变不惊，把一首高难度的琴曲演绎得那么完整、那么动人！

要知道，很多人面对死亡，特别是非正常的死亡，在人头落地之前，早就惊慌失措，魂飞魄散了。像夏侯玄那样，能够做到从容镇定，神色自若地面对死亡，就已经是难能可贵了。可是，嵇康在临刑前不仅神色不变，竟然还要求弹奏一首高难度的几乎就要失传的琴曲，这简直是一个不可能完成的任务！

但嵇康完成了。他用自己伟大的人格力量，改变了刑场的性质，使杀戮流血之地变成了展示高贵灵魂和高雅音乐的舞台。这是何等伟大的力量！

第三个出人意料，甚至让人匪夷所思之处，就是嵇康在临刑之前说的那番话。

嵇康的这段临终遗言，真是感天动地，韵味悠长。听他说完这句话，我们就明白了，他为什么要在死亡来临之前提出弹琴的要求，他又为什么能在这样紧张恐怖的时刻弹得那么完美、那么动人！

因为他太爱生命了，太爱音乐了，太爱世间一切美好的事物了！死亡没有击垮他的意志，没有摧毁他对生命的信心，没有瓦解他对人间的希望。相反，即将来临的死亡带给他的，是对人生的肯定，对生命的不舍，对艺术的眷恋，对音乐的痴情！

据说这首《广陵散》当时只有嵇康一个人会弹奏，那么他的这个临终一曲也就更有象征意义。什么象征意义呢？就是人琴合一，人琴俱亡。

也许，嵇康觉得，只有这首曲子才可以为自己送行：我弹完此曲之后，此曲即成绝唱；我生命终结之后，世上再无如我之人！

嵇康似乎是想在生命的最后时刻，把这首曲子传播出去，刻录在天地之间，余韵于时空深处，永远流传下去。

嵇康的这个行为表明，他知道并且相信：艺术的生命要比人的生命更长久；精神性的东西比如说价值，要比物质性的东西比如说肉体，更长久；对正义和自由的坚守和追求，要比刽子手的屠刀更长久。

从此以后，不论这首《广陵散》是否成为绝唱，她都永远和嵇康的名字紧紧联系在一起。嵇康的临终一曲，已成绝版，不可复制！

所以我们说，嵇康死了，他的独立、自由的精神却永垂不朽！他的死，提升了生命的尊严，也丰富了死亡的价值。

仔细想想，嵇康所犯的是什么罪？言论罪？思想罪？文字罪？正义罪？骨头太硬之罪？这样的罪在那个专制极权时代，比其他任何罪名都更可怕，更有理由被杀。

老子说："民不畏死，奈何以死惧之？"

孔子也说："子为政，焉用杀？子欲善而民善矣。"

残暴如司马氏者并非不懂。他们只是不敢放下屠刀，他们害怕，屠刀一旦放下，不仅成不了佛，倒有可能变成鬼。

说穿了，独裁者的好杀，不过是因为心虚，因为恐惧。

制造恐怖的人，往往比谁都恐惧。因为恐惧，所以杀人。

嵇康之死，《世说新语·雅量》篇的记载最为动人：

> 嵇中散临刑东市，神气不变。索琴弹之，奏《广陵散》。曲终，曰："袁孝尼尝请学此散，吾靳固不与，《广陵散》于今绝矣！"太学生三千人上书，请以为师，不许。文王亦寻悔焉。

文王就是司马昭。司马昭很快就后悔了？这一笔大有深意。

我以前以为这是拍马史家的粉饰之辞。后来想想，不是。

司马昭完全可以后悔，完全应该后悔。后悔不是因为他仁慈，而是因为他怯懦。或者，还因为他有一点残存的理智。

司马昭最后终于明白，杀了嵇康，对他来说得不偿失。因为非正义的杀戮永远逃脱不了历史的审判。历史将会记住这一天，记住他的残暴和无道。而嵇康，终将因为死亡而不朽！

在中国古代的文人中，像嵇康这样活得那么光彩照人而又艰苦卓绝，死得那么辉煌灿烂彪炳千秋的，实在是寥寥无几。嵇康简直是在“向死而生”。命运为他设计了太多的陷阱，让他每走一步都险象环生，每走一步，都离死亡更近一步。

嵇康的一生，非常深刻地诠释了人类的一个很重要的哲学命题，那就是，人到底应该如何面对死亡？

嵇康的选择是：宁为玉碎，不为瓦全。嵇康的一生所彰显的，绝不仅仅是作为曹家的女婿，对于曹魏政权的愚忠，而是志士仁人对专制者残暴统治的反抗。他弘扬的，是一切时代知识分子都应该秉承的“独立之精神，自由之思想”。

后人为什么喜爱竹林七贤？一个很重要的原因就是因为嵇康。嵇康提升了竹林七贤在中国知识分子精神史和心灵史上的地位。他的不畏强权、维护正义、捍卫尊严的精神，就像一面镜子，让后来的文人士大夫向往不已，也羞愧不已。

我们常说，性格决定命运。表面上看，嵇康的悲剧命运的确与他的刚烈性格有关，但是悲剧的根源却并不在此。根源在哪里呢？根源就在于那个黑暗的时代和险恶的人心。

如果我们总是把历史上那些无辜被杀的杰出人物的死都当作是性格所致，说他们缺乏保身的智慧，缺乏政治头脑，是书生意气，是死要面子活受罪，是……那么，我们知道的历史越多，就会越糊涂，越冷漠。因为我们最终没有学会用平等和人道的眼光看人，没有在道德和良心的法庭里为那些死去的冤魂真正平反昭雪，真正宣告他们无罪。

如果我们学习历史，只会用“胜者为王，败者为寇”的势利眼看人

心、看世道、看历史，那么，历史对于我们最终将毫无价值。

嵇康死后，“海内之士，莫不痛之”。从此以后，司马昭再无像嵇康那样硬骨头的反对派。天下的士人都集体沉默了。

此时此刻，竹林七贤的其他人将何去何从？等待他们的，究竟是怎样的结局呢？

第十四章　曲终人不散

上一章我们讲到，竹林七贤的灵魂人物嵇康，因为受到吕安一案的牵连，加上钟会的谗言构陷，最终被司马昭以“莫须有”的罪名所杀。

“将军一去，大树飘零！”嵇康被杀后，曹马之争算是尘埃落定。司马氏以绝对优势获胜，从此再无敢与司马氏集团对抗、叫板的势力和人物。

三年后，公元265年，司马昭病死，他的儿子司马炎便以禅让的名义篡夺了曹魏的政权。城头变幻大王旗，天下从此不姓曹。

与此同时，竹林之游也因为嵇康的被杀而宣告解散。七贤的故事也就由高潮进入了尾声。

神笔如刀

嵇康被杀的第二年，阮籍也抑郁而终。

为什么说他是抑郁而终呢？因为阮籍晚年做了一件足以让他终生懊悔的事。

什么事呢？那就是为司马昭写了一篇歌功颂德的《劝进文》。

嵇康被杀之后，司马昭篡位的步伐已经势不可挡。景元四年（263），朝廷迫于压力，不得不再次封司马昭为晋公，又加九锡之礼。傀儡皇帝曹奂还亲自下诏，劝司马昭“笑纳”这一隆重的礼遇。司马昭呢，还是老样子，揣着明白装糊涂，假装谦虚，坚辞不受。

按照当时的游戏规则，文武官员要到司马昭府上敦促劝进，三番五次，把戏做足。当然，劝进也不能红口白牙乱说一通，要写成文章，鼓吹司马昭的文治武功才行。当时有个大臣叫郑冲，他是当朝司空。司空主管礼仪之事，所以劝进之事当然要由他领衔。

但是，写劝进文的人选也不能马虎，最好是当时第一流的才子和名士，文采风流，锦上添花，那才好！不知道是司马昭的授意，还是司空郑冲本人的主意，总之，写劝进文的活儿落到了阮籍头上。

阮籍是什么态度呢？他当然不愿意。还是老办法，醉酒躲避。

这天，阮籍正在袁孝尼家里做客。袁孝尼就是曾向嵇康求学《广陵散》而嵇康没答应的那位。郑冲派来的使者赶到的时候，阮籍正在呼呼大睡，因为头天晚上喝高了，宿醉未醒。我估计，阮籍可能是听到了风声，还想故伎重演，借醉酒躲过这个为虎作伥的苦差事。

但是这一次，醉酒的老办法宣告失灵。信使三番五次来催，看那架势，如果不答应，后果很严重。万般无奈，阮籍只得从命。被人扶起后，他泼墨挥毫，文不加点，洋洋洒洒，一气呵成。这篇文章文气纵横，就劝进的主旨来说，写得的确漂亮，所以当时号称“神笔”。

后来萧统编《文选》，把这篇文章也收进去了，题目为《为郑冲劝晋王笺》。这个题目拟得真有水平，似乎在为阮籍打掩护。言外之意，这篇文章是替郑冲写的，阮籍不过是代为捉刀，就像秘书为领导写公文，冠名权不能算在阮籍头上。

但是，无论如何，文章总是阮籍的手笔，白纸黑字，铁案如山。所以，这篇文章给阮籍的身后名声带来很大的影响。很多人都把它当作阮籍一生的人格污点，口诛笔伐。现在看来，这篇“神笔”之文，犹如一把双刃之刀，既杀了阮籍的身，也毁了他身后的名。比如宋代文人叶梦得就说：

> 阮籍不肯为东平相，而为晋文帝从事中郎，后卒为公卿，作《劝进表》。若论于嵇康前，自宜杖死！（《避暑录话》卷一）

平心而论，这样的评价公平吗？我以为欠公平。

我们说，道德义愤不可无，但道德大棒不可有；合理的批评无可厚非，但人身攻击则不可取。叶梦得的评价里面，暗含着两个先入为主的前提。哪两个前提呢？

第一，就是把嵇康作为镜子来照阮籍。如此一来，阮籍只能是猪八戒照镜子——里外不是人。要知道，嵇康只有一个。以一个最高的道德标准去衡量所有人，而无视每一个人的具体情况，甚至取消别人存在的个性和价值，这是不合适的。

换句话说，我们不能因为敬仰嵇康，就要求阮籍不做阮籍。

即便是嵇康本人，也无权这样要求阮籍。

即便我们自己能够做到舍生取义，杀身成仁，我们也无权要求别人也要如此，必须如此。

第二个前提也很要命，就是假定曹魏政权是正义的一方，而司马氏是非正义的一方，是窃国大盗，所以，只要投靠司马氏，一律被钉在耻辱柱上，一律被扣上屎盆子，戴上大帽子。

这种贴标签式的历史观，也是有欠公允的。

事实上，作为历史当事人的阮籍并不一定这样认为。要知道，阮籍生于汉末，经历了曹氏家族篡夺汉代政权的全过程。那种“皇帝轮流做，明年到我家”的政治变局对他产生过强烈的刺激。“不是我不明白，这世界变化快”，一夜之间，儒家纲常礼教的巍峨大厦轰然崩塌。现在司马家族也如法炮制，要篡夺曹魏的政权了。虽然手段残忍，不得人心，但就其本质，未尝不是向当年的曹家学来的，所谓换汤不换药。到底谁是谁非？很难一概而论。

最终阮籍发现，政治斗争是污浊的，权力是腐蚀人心的，礼法名教是虚伪的，荣华富贵是虚幻的。唯有生命、情感和自然是真实的，值得珍爱的。是非、荣辱、名利，都不过是过眼烟云。

所以，阮籍虽然同情越来越人单势孤的曹家，但内心深处，未必就以

曹魏的忠臣自居。

再者，阮籍深受老庄思想的影响。庄子主张，“此亦一是非，彼亦一是非”，阮籍不可能不知道。所以，他想换一个更高的角度来看待这个世界发生的一切。他的多次辞官归隐，就是想超越是非，远离名利，皈依自然，与道逍遥。

我以为，阮籍远比我们想象得要复杂得多，深刻得多，也超脱得多。他并不是哪一家一姓的忠臣，所以他也犯不着为哪一家一姓去赴汤蹈火。

阮籍的痛苦在于，一方面，他想超越是非，与世无争，隐居终老；另一方面，由于性格上的原因，他又不得不屈服于外在的压力，陷入是非的漩涡中不能自拔。这是阮籍的悲剧所在，但同时，也是阮籍最让人同情的地方。

阮籍虽然没有死于非命，但他活得很痛苦，因为他有一种强烈的耻辱感。古语说：“知耻近乎勇”。阮籍的反礼教的种种行为，难道不也是另一种意义上的勇敢吗？

要我说，阮籍虽然不是一个人格上和道德上的完人，但他至少是一个率真、认真、本真地活着的性情中人。

山涛功过

山涛被嵇康一书绝交之后，又过了两年，嵇康因坐吕安事被杀。

这两年间，山涛都做了什么？历史没有记载。只是在《晋书·山涛传》开头有这么一段话：

> （涛）与嵇康、吕安善，后遇阮籍，便为竹林之交，著忘言之契。康后坐事，临诛，谓子绍曰：“巨源在，汝不孤矣！”

说山涛和嵇康、吕安关系很好，后来又遇到阮籍，于是便结为竹林之交，达成很深的默契。后来，嵇康受到吕安一案的牵连被杀，临刑前，他对儿子嵇绍说：“有你山伯伯在，你不会孤单的！”

这段话对于山涛一生实在太重要了。没有这段话，山涛的身后名可能比阮籍还要糟糕！

山涛一生最被人诟病的污点有两个：其一是主动投靠司马氏；其二是好朋友嵇康愤然与之绝交。这两件事把山涛钉在了耻辱柱上。而且，还有一个心结萦绕在人们心头，那就是，当嵇康、吕安含冤被判死刑后，作为朋友的山涛，是否去向司马昭求过情？

这个问题在史籍中找不到答案。

现在，人们总算在《山涛传》的开头，看到了这么感人的“托孤”场景。看到嵇康临终前，仍然把山涛当作最可信赖的朋友，大家的一颗悬着的心也就放下来了。

我以为，嵇康的临终托孤意义重大，他可能是要借此向世人表达两层意思：

第一，我的确给山涛兄写过一封言辞冷峻的绝交书，但现在那都是过去时了，我们还是好朋友。

第二，我不希望因为我的死，让儿子背上沉重的道德包袱，影响他的前途，甚至让孩子终生生活在恐怖和压抑之中。他应该有自己的人生，哪怕是和我完全不同的人生。到时候，山涛兄，你就看着办吧！

问题是：嵇康为什么不把孩子托付给哥哥嵇喜，或者阮籍等其他朋友，偏偏要托付给曾经绝交的山涛呢？这是一个千古之谜。

我以为原因无外乎这么三个：首先，嵇康是想用这样一种托孤行为冰释前嫌，减轻山涛的道德负罪感；其次，山涛稳重大度，有远见卓识，对人生的把控能力比其他任何人都要强；第三，山涛为人忠厚，有君子之风，值得信赖。

所以，托孤行为本身，体现了嵇康的豁达和超脱，宽厚和善良。随着死亡的来临，他已经超越了人世间的是非恩怨，而把握住了最关键的东西——人间真情。

后来，山涛果然对嵇绍悉心照顾。嵇康死后第20年，嵇绍正好30岁，经过山涛引荐，正式踏上了仕途，官至侍中。在八王之乱中，嵇绍为了保护晋惠帝司马衷，奋不顾身，被乱军杀死，血溅御服。后来下人要为司马衷洗衣服时，这个历史上有名的白痴皇帝却很有人情味地说："此嵇侍中血，勿去！"

从此，"嵇侍中血"就成了忠臣之血的代名词。

然而，举荐嵇绍之事又成了山涛的一大污点。后来的一些儒家学者认为，山涛竟让嵇绍为杀父仇人服务，这是污人清白，嵇康地下有知，肯定死不瞑目。所以山涛在后来的舆论中，一直是竹林七贤中聚讼纷纭、争议最大的人物。

那么，我们该怎么评价山涛呢？

我以为，对待历史人物，既要知人论世地进行是非功过的价值评判，也要摆脱政治和道德的成见，设身处地去理解他们、包容他们，也就是说，要有"了解之同情"。

换句话说，我们不能因为敬仰嵇康，就认为所有为司马氏服务的人都是败类。这是一种非常危险的历史观。我们在评价阮籍的时候已经说过，阮籍并不以曹魏忠臣自居，他也未必认为司马氏的政权天然非法。山涛恐怕也同样。山涛本来就有政治抱负和政治才干，这样的人无论谁当权，他都会选择从政为官。加上他和司马氏又有中表亲戚关系，于公于私，他选择从政都是可以理解的。

所以，山涛选择做官，那是他的权利。问题的关键在于，山涛是否是一个好官？

根据史籍的记载，山涛堪称魏晋时期一个优秀的政治家。他对许多

事情的判断总是非常符合历史发展的事实和趋势。比如，司马昭曾让山涛担任司马炎的老师，后来司马昭在选太子的问题上犹豫不定，很想把太子之位让给过继给司马师的二儿子齐王司马攸，为此征求山涛的意见。山涛只说了一句话：“废长立少，违礼不祥。”一句话就把司马昭的这个动议否决了。后来的事实证明，山涛的观点是合理的，司马炎的确具有天子才干。正是他，最终统一了天下，结束了三国鼎立的局面。

山涛做了多年的吏部尚书，选拔人才不遗余力，都能做到才尽其用。他写的人事鉴定历史上很有名，三言两语便能道出其人才情长处，被称为“山公启事”。因此，山涛做官30多年，名声和政绩都很好。

山涛不仅有政治才干，政治业绩，而且很清廉，从不贪赃枉法。

有个故事说，陈郡有个叫袁毅的官吏，贪污腐化，喜欢行贿，在朝的高官几乎都被他贿赂过。他曾送给山涛100斤好丝，山涛虽不想要，但又不想和当时的官场风气对着干，只好收下，藏在阁楼上。后来袁毅丑事败露，押送司法部门法办，凡他贿赂的人都被牵连。追查到山涛时，他就把那100斤丝取出来，上面满是多年的灰尘，封印都完好如初。从此，山涛就有了“悬丝尚书”的美名。

西晋建立后，山涛虽位列三公，实现了他对妻子韩氏的承诺，但却没有一夜暴富，奢侈腐化。他家里从来不养奴婢。在他79岁去世之后，人们发现，这个朝廷重臣竟然两袖清风，“旧第十间，子孙不相容”（《晋书·山涛传》）。要知道，山涛共有五个儿子，平均下来每个儿子成家后只有两间小房，子孙都快容纳不下了！

清廉如此，足以说明山涛并非一个势利之徒，而是一位深谙自律、慎独之道的清官。

实事求是地讲，山涛是个好人。他善于自保，但并不害人。山涛更是个好官，清正廉洁，知人善任。退一万步讲，多一个山涛，总比多一个钟会要好得多吧？

在那样一个乱世，山涛赢得了世人的尊敬。我想，千年之后，我们也不必对他太过苛求吧。

闻笛思旧

说完山涛，再说向秀。

在竹林七贤中，向秀和嵇康是最亲近的，可以说形影不离，特别是他们经常在一起打铁，更是一段佳话。但也正是因为如此，嵇康的死给向秀带来的震动更大。当年嵇康得罪钟会的时候，向秀不是也在场吗？而且，和嵇康一起被杀的吕安和向秀也是铁哥们儿，两人经常在一起开荒种地、灌园浇菜。

也就是说，只要钟会打击报复的范围再扩大那么一点点，下一个目标一定是向秀！你说恐怖不恐怖？

所以，嵇康被杀之后，向秀迫于压力，不得不接受河内郡的推荐，到京城洛阳去接受朝廷的任命。司马昭就召见向秀，问了他一个很刁钻的问题："闻君有箕山之志，何以在此？"

箕山，就是古代隐士许由、巢父隐居的地方。箕山之志，也就是隐居之志。司马昭说：听说你向秀有归隐的志向，怎么又在这里了呢？

司马昭问话的样子我们不能多想。一想你就知道什么叫无耻！

向秀回答说："巢、许狷介之士，不足多慕。"意思是：巢父、许由都是狂傲固执之人，不值得仰慕和效法。司马昭听了，对向秀的回答十分满意。

向秀就这样通过了司马昭的"面试"，踏上了仕途，官至黄门侍郎、散骑常侍。

但是，向秀的内心是非常痛苦的。后来他经过山阳嵇康的故居时，听

到邻居家里传来凄美哀婉的笛声。回首往事，悲从中来，他写下了一篇感人至深的《思旧赋》，悼念含冤被杀的嵇康和吕安。但是，鲁迅先生说，这篇赋“刚开头却又煞了尾”。

为什么？还是因为恐惧。

我们说，向秀不是一个个性特别鲜明的人。他只是一介文弱书生。嵇康活着的时候，他是嵇康的羽翼，从嵇康那里汲取精神的养料。嵇康死后，向秀便不知所措，不得不委曲求全。对待这样一个在暴政的压迫下不得不做出违心选择的人，我们还是应该给予更多的同情，而不是谴责。

我想，如果嵇康地下有知，也会理解向秀的吧？

百变王戎

在竹林七贤中，有一个人物前后的反差最大。谁呢？就是年龄最小的王戎。

王戎小的时候是大名鼎鼎的神童。做官以后，曾拒绝收受贿赂，甚至父亲死了，亲朋好友送的礼物礼金，也都一概不收，这就又留下一个清廉的美名。

但是，谁都想不到，这样一个廉政官员，竟会成为中国古代最有名的吝啬鬼和守财奴！

王戎晚年时，变得非常贪婪吝啬。他的一个侄子要结婚，他只送给人家一件单衣作为礼物。这倒也罢了，千里送鹅毛，礼轻情义重嘛！可就连这点东西王戎也舍不得，没多久竟又找人家要了回来！

不仅对侄子是“铁公鸡”，对女儿也是“一毛不拔”。王戎的女儿要出嫁，临时向王戎借了一笔钱。后来女儿回娘家，没有及时还钱，王戎便

“一脸旧社会”。女儿太了解老爹了，赶快还钱，王戎的脸上这才多云转晴，有了笑容。

对亲人尚且如此，对别人就更不用说了。王戎家里种了好多李树，结的李子很好吃。王戎就拿去卖钱。卖就卖吧，他还生怕人家得到他家的“优良品种”也去栽种，硬是在卖出之前，把每颗李子的核都用锥子钻破。这得费多大的劲儿啊！从此留下一个“钻核卖李”的典故。

王戎后来被封为安丰侯，腰缠万贯，富甲一方。但他总不满足，最大的爱好，便是晚上在烛光下，和老伴儿一起用象牙筹盘点家产。把家里的债券、契约之类的东西，用现在的话说，就是把工资卡、信用卡、房产证、借条什么的一股脑儿全都摆出来，算来算去，乐此不疲。

可以说，王戎后来的做派，真是俗到家了！不仅和他年轻时判若两人，更与超然物外的竹林精神有天壤之别。

不过，王戎这个俗人却很重情。这也是竹林名士们共同的特点。

王戎是个有名的孝子。其母去世后，他悲痛万分，身体瘦得像鸡骨头，动静都要支着床，甚至要拄着拐杖才能起身，留下了一个“死孝”的名声。

他儿子王绥得了肥胖症，王戎没办法，只好让他吃糠。没想到不仅没瘦身，反而更胖了。后来王绥19岁就死了，王戎哭得死去活来。有人劝他节哀，他却说了一句很有名的话：

“圣人无情，最下不及情，情之所钟，正在我辈！”（《世说新语·伤逝》）

意思是：修炼到极高境界的圣人，也许可以忘掉世俗之情；最下等的人，谈不上懂得什么感情；对感情最集中、最专注的，恰恰是我们这类人啊！

从此，“情钟我辈”也就成了一个风雅典故。

王戎对友情也很重视。他做尚书令的时候，有一次穿着公服，乘坐轻

便的小马车，经过郊外的黄公酒垆。这里是当年他和嵇康、阮籍一起喝过酒的地方。故地重游，睹物思人，触景伤情，王戎很伤感地对身后车上的客人说："我从前曾和嵇叔夜（康）、阮嗣宗（籍）一起在这家酒店畅饮。竹林之游，我也曾忝列其中。可是自从嵇、阮二位亡故以来，我便被世务所羁绊。今天看到这家酒店，虽近在咫尺，却物是人非，好像隔着千山万水一般！"

王戎的临垆喟叹，说明晚年的他对当年的竹林之游还是念念不忘。

王戎的夫妻感情也很融洽。老婆经常用"卿"来称呼他，这在男尊女卑的古代是不合礼的。王戎委婉地劝谏老婆说："你用卿称呼丈夫，就礼节而言是不敬的，以后不要这样了。"没想到老婆却说："亲卿爱卿，是以卿卿；我不卿卿，谁当卿卿？"（《世说新语·惑溺》）今天人们常说的"卿卿我我"即由此而来。

总之，王戎这个人就像一面多棱镜，"横看成岭侧成峰，远近高低各不同"，很好地体现了人的复杂性、矛盾性和多变性。在竹林七贤中，有这样一个"变形金刚"似的人物，也是很有观赏价值的。

后来王戎官做得很大，在八王之乱中韬光养晦，明哲保身，总算没有死于非命，活了72岁。

无用刘伶

再看酒仙刘伶。

阮籍死后，刘伶失去了最好的酒友，晚景颇有些凄凉。西晋初年，晋武帝司马炎曾招天下名士入朝对策，也就是回答皇帝所问关于治国的策略。刘伶也参加了这个"公务员考试"。问他对策时，他竟大谈"无为之

化”，就是老庄的“无为而治”的道理。结果不少名士都通过考试，做上了高官，只有刘伶因为“无用”而名落孙山。

后来，王戎当建威将军时，把刘伶召到幕府中担任建威参军。这也说明，王戎这个人挺够朋友，真的做到了“苟富贵，勿相忘”。

也不知道刘伶的这个官做了多久。总之，刘伶最后因为“无用”而寿终正寝，颐养天年。

在竹林七贤中，刘伶以喝酒闻名。他的故事脍炙人口，广为流传。尽管他对当时的社会并没有任何实质性的贡献，但是，刘伶却用他独特的行为方式和思维方式，在人类的精神史和心灵史上写下了浓重的一笔，在中国文化史上留下了自己的名字。他的喝酒心得——《酒德颂》，一不小心还成了传世之作。

在《庄子·人间世》里，有一棵长得又老又丑、百无一用的“散木”，因为不成材，反而活得最久。所以庄子说“无用之用，是为大用”，只可惜“人皆知有用之用，却不知无用之用也”。

我觉得，刘伶就像庄子笔下的那棵“散木”，因为对当世“无用”，反而于人心有“大用”。

刘伶不仅对于中国酒文化有独特的贡献，就是对中国人的心灵，也不无潜移默化之功。

阮咸的绯闻

那么，阮咸最终又怎样了呢？

一向放达不羁的阮咸后来颇有几分潦倒。和嵇绍一样，阮咸也曾得

到过山涛的举荐，举荐词写得非常好，说他：“清真寡欲，万物不能移也。”（《世说新语·赏誉》）

但是，晋武帝司马炎却一直没有起用阮咸。

为什么？因为阮咸有件事做得很离谱，可以说是一则惊天动地的绯闻。

原来，阮咸在他母亲去世后的服丧期间，竟然和他姑姑的一个鲜卑族婢女好上了，以至于有了“爱情的结晶”。这在当时也不合丧礼。因为儒家丧礼规定，服丧期间，不仅不能饮酒吃肉，就是夫妻生活也是禁止的。可是，阮咸不仅越礼和鲜卑丫鬟好上了，而且他还强烈要求，让姑姑把这个女孩留给他做媳妇。姑姑开始答应他了，后来回夫家的时候又临时反悔，把这个鲜卑女孩带走了。

阮咸得知，赶忙向来吊丧的客人借了一头毛驴，前去追赶。追上之后，好说歹说，总算把心爱的鲜卑姑娘夺回来了。回来的路上，两个人竟然不避嫌疑，“累骑而还”。要知道，当时阮咸身上还穿着白色孝服呢！这样一件事，比当年的“阮籍别嫂”还要出格，当然为“清议”和礼教所不容。所以阮咸很长时间都没有得到起用。

其实，阮咸的“骑驴追婢”，彰显的也不过是一个“情”字。

我们看到，在“情”与“礼”发生矛盾时，竹林七贤或者说魏晋名士们总是会选择纵情越礼。这，也就是嵇康所标举的“越名教而任自然”。

当我们试图谴责阮咸的时候，不要忘了，阮咸们当时顶着风险超越的礼法，早已被我们超越了。君不见，现如今守丧三年之礼、丧期内不能饮酒吃肉之礼，早已被取消。有的地方，在办丧事的时候，还要给客人准备好酒好肉，好生款待。

为什么？因为现代人对于生死有了更加理性的认识，认为只要内心有一种真正的哀戚之情就可以了，其他的繁文缛节可以省略。

谁能说，这里边没有竹林七贤的一份功劳呢？

不过，后来阮咸还是因有才而做了散骑常侍，又因触怒了荀勖，被贬到

了一个叫始平（今陕西兴平）的地方任太守。所以，阮咸又被称作阮始平。

阮咸有两个儿子，一个叫阮瞻，一个叫阮孚，这两人也都成了西晋屈指可数的大名士。

尾声　千古流芳

嵇康被杀43年后，公元305年，竹林七贤中硕果仅存的王戎离开了人世。

竹林七贤的故事到了这里，便犹如一首乐曲，缓缓进入了尾声。

有意思的是，随着王戎的去世，竹林七贤的故事反而越发热闹起来。因为从此以后，即使有人以讹传讹，道听途说，也再不会有一个竹林之游的亲历者出来纠错了。

甚至可以说，当七贤中人相继凋零，只剩王戎一个当事人健在时，从他嘴里说出的竹林往事，便已经开始“出错”，甚至是“故意出错”！

死无对证之事，当事人常可信口开河。

特别是，王戎死后，山东琅琊王氏蒸蒸日上，成为两晋第一豪门。无论是政治上还是文化上，这一家族的后继者实有慎终追远、装点门面的现实需要。在这样一种情形之下，出现对家族前辈风流往事的“冷饭热炒”，也就在所难免。

换言之，竹林七贤纷纷谢幕之后，竹林七贤故事的传播才刚刚拉开帷幕。

比如，有人就指出，王戎在“黄公酒垆”的那个动人故事，就是“中朝所不闻，江左忽有此论，盖好事者为之耳”（戴逵《竹林七贤论》）。

这里的“好事者”，其实就是今之所谓的文化传播者。从这个角度说，我们倒是应该感谢那些“好事者”。没有他们，竹林七贤可能要黯淡许多。

在传播过程中，企羡、仰慕、仿效、崇拜都是难免的。

当然，也少不了品藻和批评。

事实上，关于竹林七贤孰优孰劣的争论早就开始了。

比如东晋的时候，风流宰相谢安的家里就曾经有过这样的讨论。当时谢安的侄子谢玄和兄弟们一起谈论竹林七贤的优劣问题，大家争执不下，这时谢安说了一句话：

先辈初不臧贬七贤。（《世说新语·品藻》）

意思是：我们的前辈们从来不会对七贤品头论足，乱加褒贬。

这话大有深意。除了表达一种对七贤的仰慕和尊敬之外，同时也含有这样一种意思，就是谢安认为，竹林七贤的人物固然有优劣高低之分，但是单纯地谈论这个问题没有意义。因为具体地讨论谁是谁非，反而会“只见树木，不见森林”，更会冲淡、稀释一个很重要的东西，那就是七贤们当年塑造的那种独立、自由、放达、超越、重情、尚美的竹林精神！

应该说，谢安的眼光非常独到，也非常可贵。他深深懂得，维护、承传、弘扬竹林精神的重要性，远在讨论竹林人物优劣高低这样肤浅的问题之上！

但是，竹林七贤优劣的问题还是人们心中的一个悬念。谢安不让子侄辈讨论，他的弟弟谢万却不买账。谢万写了一篇《八贤论》，列举上古以来的贤人八个，其中有渔父、屈原、贾谊、孙登等人，最后一个就是嵇康。

也就是说，在谢万眼里，竹林七贤中只有嵇康是真正的贤人，其他人都不够格！

比之谢万，南朝的文学家颜延之稍显宽容，但他也把竹林七贤做了一分为二的“一刀切”。他在为竹林七贤写赞美诗的时候，干脆把山涛和王戎给删除了，只写了其他五个人，叫作《五君咏》。大概颜延之认为，山涛和王戎都是名利之徒，与竹林精神相去甚远。

南朝的另一位文学家沈约也写过一篇《七贤论》，专门评价竹林七

贤，最推崇的就是嵇康和阮籍，认为其他五人还是大为逊色。当然嵇、阮之间，他又更推崇嵇康。以至于后来，七贤优劣的问题干脆被简化成“嵇阮优劣”了。

我们说，这种品评七贤优劣的行为本身，也体现了一种价值的判断和士大夫的精神。

明代的政治家张居正，也写过一篇《七贤咏叙》，他把七贤比作空谷幽兰、玄岩和璞，敬仰之情，溢于言表。

乾隆十五年（1750），40岁的乾隆皇帝在西巡途中，经过竹林七贤的隐居之地时，还特意写下了一首《七贤咏》，对竹林七贤表达仰慕之情。

但我总觉得，乾隆皇帝是附庸风雅。他要是真喜欢竹林七贤，也就不会制造那么多祸国殃民的“文字狱”了！

总之，竹林七贤是一个深入人心、常说常新的话题，至今都有着很大的吸引力。

那么，为什么竹林七贤的故事会引起后人持久的兴趣呢？

我以为，是因为竹林七贤的故事涉及了人类社会中几个非常重要的核心问题。

第一个，就是人生的选择问题。

选择问题是人类社会中每时每刻都会面临的大问题。表面上看，竹林七贤面对的只是一个仕与隐的选择。实质上，并非那么简单。仕与隐的选择，还与自然与名教、儒与道、自由和奴役等等一系列选择直接相关。

如果继续追问下去，选择问题将直接通向人的自由问题、独立问题、权力问题和尊严问题。

竹林七贤的命运给了我们这样一个启示：一个健康、合理、文明的社会，首先应该是一个充分尊重人的选择权利和自由的社会。

第二个，也是与选择问题紧密相关的，就是死亡问题。

哲学家说，死亡问题是最大的哲学问题。因为每个人都必须面对，

必须给出自己的答案。孔子说：“未知生，焉知死？”这话体现了对现实人生的高度重视。但是，在生命朝不保夕的乱世，这话恐怕就应该倒过来说——未知死，焉知生？

嵇康的广陵绝唱为什么那么荡气回肠，扣人心弦？就因为它把死亡问题非常严峻而又非常迫切地摆在了我们面前，让我们直面这样一个问题：我们应该怎样活着，又怎样死去？

活着，还是死去？这是一个问题。

是追求生命的长度和数量？还是追求生命的深度和质量？这也是一个问题。

所以，我们说，嵇康的死亡，提升了生命的尊严，也丰富了死亡的价值。

但是，我们应该祈祷的，绝不是今后还要出现更多的嵇康，而是——让那个导致嵇康死亡的黑暗世道万劫不复，彻底消亡！

第三个，也是最重要的问题，就是情感问题。

竹林七贤的最大贡献，就是给我们留下了太多太多的情感故事、友谊佳话。从“契若金兰”到“千里命驾”，从“白眼以对”到“青眼有加”，从“慷慨绝交”到“临终托孤”，从向秀的“闻笛思旧”到王戎的“情钟我辈”……这些情感故事无不至情至性，充满了无穷的诗意。

它让我们明白，在这世界上，功名利禄都是过眼云烟。生命中最为真实和根本的，不是外在的东西，而是人与人之间的真情和爱。

没有了人间的真情和爱，再长的生命也将毫无意义。

英国哲学家罗素说：“参差百态乃是幸福之源。”

竹林七贤的魅力在哪里呢？就在于他们的参差百态，各尽其妙。

在他们身上，体现了中国古代知识分子的一种多元化的存在方式和价值追求。

他们也许不完美，但他们的确很独特。

他们也许很另类，但他们的确活出了一个与众不同的“自我”。

人生在世，还有什么比活出自我更重要的呢？

这七个人，就像七个音符一样，音色各异，长短不一，但是组合在一起，就弹奏出了一曲美妙而动听的音乐。这音乐，余音绕梁，至今不绝，真是曲已终，而人不散。

此时，我想起了陶渊明的两句诗——“其人虽已殁，千载有余情。”

附录

附录一 竹林七贤诗文选

［一］嵇康诗文

四言赠兄秀才入军诗（十八首）

其一

鸳鸯于飞，肃肃其羽。朝游高原，夕宿兰渚。

邕邕和鸣，顾眄俦侣。俛仰慷慨，优游容与。

其二

鸳鸯于飞，啸侣命俦。朝游高原，夕宿中洲。

交颈振翼，容与清流。咀嚼兰蕙，俛仰优游。

其三

泳彼长川，言息其浒。陟彼高冈，言刈其楚。

嗟我征迈，独行踽踽。仰彼凯风，涕泣如雨。

其四

泳彼长川，言息其沚。陟彼高冈，言刈其杞。

嗟我独征，靡瞻靡恃。仰彼凯风，载坐载起。

其五

穆穆惠风，扇彼轻尘。奕奕素波，转此游鳞。

伊我之劳，有怀遐人。寤言永思，寔钟所亲。

其六

所亲安在，舍我远迈。弃此荪芷，袭彼萧艾。

虽曰幽深，岂无颠沛。言念君子，不遐有害。

其七

人生寿促，天地长久。百年之期，孰云其寿。

思欲登仙，以济不朽。缆辔踟蹰，仰顾我友。

其八

我友焉之，隔兹山梁。谁谓河广，一苇可航。

徒恨永离，逝彼路长。瞻仰弗及，徙倚彷徨。

其九

良马既闲，丽服有晖。左揽繁弱，右接忘归。

风驰电逝，蹑景追飞。凌厉中原，顾眄生姿。

其十

携我好仇，载我轻车。南凌长阜，北厉清渠。

仰落惊鸿，俯引渊鱼。盘于游畋，其乐只且。

十一

凌高远眄，俯仰咨嗟。怨彼幽絷，室迩路遐。

虽有好音，谁与清歌。虽有姝颜，谁与发华。

仰讯高云，俯托轻波。乘流远遁，抱恨山阿。

十二

轻车迅迈，息彼长林。春木载荣，布叶垂阴。

习习谷风，吹我素琴。交交黄鸟，顾俦弄音。

感悟驰情，思我所钦。心之忧矣，永啸长吟。

十三

浩浩洪流，带我邦畿。萋萋绿林，奋荣扬晖。

鱼龙瀺灂，山鸟群飞。驾言出游，日夕忘归。

思我良朋，如渴如饥。愿言不获，怆矣其悲。

十四

息徒兰圃，秣马华山。流磻平皋，垂纶长川。

目送归鸿，手挥五弦。俯仰自得，游心太玄。

嘉彼钓叟，得鱼忘筌。郢人逝矣，谁与尽言。

十五

闲夜肃清，朗月照轩。微风动袿，组帐高褰。

旨酒盈樽，莫与交欢。鸣琴在御，谁与鼓弹。

仰慕同趣，其馨若兰。佳人不存，能不永叹。

十六

乘风高逝，远登灵丘。托好松乔，携手俱游。

朝发太华，夕宿神州。弹琴咏诗，聊以忘忧。

十七

琴诗自乐，远游可珍。含道独往，弃智遗身。

寂乎无累，何求于人。长寄灵岳，怡志养神。

十八

流俗难悟，逐物不还。至人远鉴，归之自然。

万物为一，四海同宅。与彼共之，予何所惜。

生若浮寄，暂见忽终。世故纷纭，弃之八戎。

泽雉虽饥，不愿园林。安能服御，劳形苦心。

身贵名贱，荣辱何在。贵得肆志，纵心无悔。

幽愤诗

嗟余薄祜，少遭不造。哀茕靡识，越在襁褓。母兄鞠育，有慈无威。

恃忧肆姐，不训不师。爰及冠带，凭宠自放。抗心希古，任其所尚。

托好老庄，贱物贵身。志在守朴，养素全真。曰余不敏，好善闇人。

子玉之败，屡增惟尘。大人含弘，藏垢怀耻。民之多僻，政不由己。
惟此褊心，显明臧否。感悟思愆，怛若创痏。欲寡其过，谤议沸腾。
性不伤物，频致怨憎。昔惭柳惠，今愧孙登。内负宿心，外恧良朋。
仰慕严郑，乐道闲居。与世无营，神气晏如。咨予不淑，婴累多虞。
匪降自天，寔由顽疏。理弊患结，卒致囹圄。对答鄙讯，絷此幽阻。
实耻讼冤，时不我与。虽曰义直，神辱志沮。澡身沧浪，岂云能补。
嗈嗈鸣雁，奋翼北游。顺时而动，得意忘忧。嗟我愤叹，曾莫能俦。
事与愿违，遘兹淹留。穷达有命，亦又何求。古人有言，善莫近名。
奉时恭默，咎悔不生。万石周慎，安亲保荣。世务纷纭，祇搅予情。
安乐必诫，乃终利贞。煌煌灵芝，一生三秀。予独何为，有志不就。
惩难思复，心焉内疚。庶勖将来，无馨无臭。采薇山阿，散发岩岫。
永啸长吟，颐性养寿。

与山巨源绝交书

康白：足下昔称吾于颍川，吾尝谓之知言。然经怪此意尚未熟悉于足下，何从便得之也？前年从河东还，显宗、阿都说足下议以吾自代，事虽不行，知足下故不知之。足下傍通，多可而少怪；吾直性狭中，多所不堪，偶与足下相知耳。间闻足下迁，惕然不喜，恐足下羞庖人之独割，引尸祝以自助，手荐鸾刀，漫之膻腥，故具为足下陈其可否。

吾昔读书，得并介之人，或谓无之，今乃信其真有耳。性有所不堪，真不可强。今空语同知有达人，无所不堪，外不殊俗，而内不失正，与一世同其波流，而悔吝不生耳。老子、庄周，吾之师也，亲居贱职；柳下惠、东方朔，达人也，安乎卑位。吾岂敢短之哉！又仲尼兼爱，不羞执鞭；子文无欲卿相，而三登令尹。是乃君子思济物之意也。所谓达能兼善而不渝，穷则自得而无闷。以此观之，故尧、舜之君世，许由之岩栖，子房之佐汉，接舆之行歌，其揆一也。仰瞻数君，可谓能遂其志者也。故君子百行，殊途而同

致，循性而动，各附所安。故有处朝廷而不出，入山林而不反之论。且延陵高子臧之风，长卿慕相如之节，志气所托，不可夺也。

吾每读尚子平、台孝威传，慨然慕之，想其为人。少加孤露，母兄见骄，不涉经学。性复疏懒，筋驽肉缓，头面常一月、十五日不洗；不大闷痒，不能沐也。每常小便而忍不起，令胞中略转乃起耳。又纵逸来久，情意傲散，简与礼相背，懒与慢相成，而为侪类见宽，不攻其过。又读《庄》《老》，重增其放，故使荣进之心日颓，任实之情转笃。此犹禽鹿，少见驯育，则服从教制，长而见羁，则狂顾顿缨，赴蹈汤火，虽饰以金镳，飨以嘉肴，逾思长林而志在丰草也。

阮嗣宗口不论人过，吾每师之而未能及。至性过人，与物无伤，唯饮酒过差耳。至为礼法之士所绳，疾之如仇，幸赖大将军保持之耳。吾不如嗣宗之贤，而有慢驰之阙，又不识人情，暗于机宜；无万石之慎，而有好尽之累，久与事接，疵衅日兴，虽欲无患，其可得乎？又人伦有礼，朝庭有法，自惟至熟，有必不堪者七，甚不可者二：卧喜晚起，而当关呼之不置，一不堪也；抱琴行吟，弋钓草野，而吏卒守之，不得妄动，二不堪也；危坐一时，痹不得摇，性复多虱，把搔无已，而当裹以章服，揖拜上官，三不堪也；素不便书，又不喜作书，而人间多事，堆案盈机，不相酬答，则犯教伤义，欲自勉强，则不能久，四不堪也；不喜吊丧，而人道以此为重，已为见恕者所怨，至欲见中伤者，虽瞿然自责，然性不可化，欲降心顺俗，则诡故不情，亦终不能获无咎无誉，如此，五不堪也；不喜俗人，而当与之共事，或宾客盈坐，鸣声聒耳，嚣尘臭处，千变百伎，在人目前，六不堪也；心不耐烦，而官事鞅掌，机务缠其心，世故繁其虑，七不堪也。又每非汤、武而薄周、孔，在人间不止此事，会显世教所不容，此甚不可一也；刚肠疾恶，轻肆直言，遇事而发，此甚不可二也。以促中小心之性，统此九患，不有外难，当有内病，宁可久处人间邪？又闻道士遗言，饵术、黄精令人久寿，意甚信之；游山泽，观鱼鸟，心甚乐之。一

行作吏，此事便废，安能舍其所乐，而从其所惧哉！

夫人之相知，贵识其天性，因而济之。禹不逼伯成子高，全其节也；仲尼不假盖于子夏，护其短也；近诸葛孔明不逼元直以入蜀，华子鱼不强幼安以卿相，此可谓能相终始，真相知者也。足下见直木必不可为轮，曲者不可为桷，盖不欲以枉其天才，令得其所也。故四民有业，各以得志为乐，唯达者为能通之，此足下度内耳。不可自见好章甫，强越人以文冕也；己嗜臭腐，养鸳雏以死鼠也。吾顷学养生之术，方外荣华，去滋味，游心于寂寞。以无为为贵。纵无九患，尚不顾足下所好者。又有心闷疾，顷转增笃，私意自试，不能堪其所不乐。自卜已审，若道尽途穷则已耳。足下无事冤之，令转于沟壑也。

吾新失母兄之欢，意常凄切。女年十三，男年八岁，未及成人，况复多病，顾此悢悢，如何可言！今但愿守陋巷，教养子孙，时与亲旧叙阔，陈说平生，浊酒一杯，弹琴一曲，志愿毕矣。足下若嬲之不置，不过欲为官得人，以益时用耳。足下旧知吾潦倒粗疏，不切事情，自惟亦皆不如今日之贤能也。若以俗人皆喜荣华，独能离之，以此为快，此最近之，可得言耳。然使长才广度，无所不淹，而能不营，乃可贵耳。若吾多病困，欲离事自全，以保余年，此真所乏耳，岂可见黄门而称贞哉？若趣欲共登王途，期于相致，时为欢益，一旦迫之，必发其狂疾。自非重怨，不至于此也。

野人有快炙背而美芹子者，欲献之至尊，虽有区区之意，亦已疏矣。愿足下勿似之。其意如此，既以解足下，并以为别。嵇康白。

与吕长悌绝交书

康白：昔与足下年时相比，以故数面相亲，足下笃意，遂成大好，由是许足下以至交，虽出处殊途，而欢爱不衰也。及中间少知阿都，志力开悟，每喜足下家复有此弟。而阿都去年向吾有言：诚忿足下，意欲发举。

吾深抑之，亦自恃每谓足下不足迫之，故从吾言。间令足下因其顺亲，盖惜足下门户，欲令彼此无恙也。又足下许吾终不系都，以子父交为誓，吾乃慨然感足下，重言慰解都，都遂释然，不复兴意。

足下阴自阻疑，密表系都，先首服诬都，此为都故信吾，又无言，何意足下苞藏祸心邪？都之含忍足下，实由吾言。今都获罪，吾为负之。吾之负都，由足下之负吾也。怅然失图，复何言哉！若此，无心复与足下交矣。古之君子，绝交不出丑言。从此别矣！临书恨恨。嵇康白。

管蔡论

或问曰："案《记》：管、蔡流言，叛戾东都。周公征讨，诛以凶逆。顽恶显著，流名千里。且明父圣兄，曾不鉴凶愚于幼稚，觉无良之子弟；而乃使理乱殷之弊民，显荣爵于藩国；使恶积罪成，终遇祸害。于理不通，心无所安。愿闻其说。"

答曰："善哉！子之问也。昔文武之用管、蔡以实，周公之诛管、蔡以权。权事显，实理沉，故令时人全谓管、蔡为顽凶。方为吾子论之。夫管、蔡皆服教殉义，忠诚自然。是以文王列而显之，发旦二圣，举而任之。非以情亲而相私也。乃所以崇德礼贤。济殷弊民，绥辅武庚，以兴顽俗，功业有绩，故旷世不废，名冠当时，列为藩臣。逮至武卒，嗣诵幼冲。周公践政，率朝诸侯；思光前载，以隆王业。而管、蔡服教，不达圣权；卒遇大变，不能自通。忠于乃心，思在王室。遂乃抗言率众，欲除国患；翼存天子，甘心毁旦。斯乃愚诚愤发所以徼祸也。成王大悟，周公显复，一化齐俗，义以断恩。虽内信如心，外体不立。称兵叛乱，所惑者广。是以隐忍授刑，流涕行诛。示以赏罚，不避亲戚；荣爵所显，必钟盛德；戮挞所施，必加有罪。斯乃为教之正，体古今之明议也。管、蔡虽怀忠抱诚，要为罪诛。罪诛已显，不得复理。内必幽伏，罪恶遂章。幽、章之路大殊，故令奕世未蒙发起。然论者承名信行，便以管、蔡为恶，不知

管、蔡之恶，乃所以令三圣为不明也。若三圣未为不明，则圣不佑恶而任顽凶也顽凶不容于时世，则管、蔡无取私于父兄；而见任必以忠良，则二叔故为淑善矣。今若本三圣之用明，思显授之实理，推忠贤之暗权，论为国之大纪，则二叔之良乃显，万显三圣之用也有以，流言之故有缘，周公之诛是矣。且周公居摄，邵公不悦。惟此言则管、蔡怀疑，未为不贤。而忠贤可不达权，三圣未为用恶，而周公不得不诛。若此，三圣所用信良，周公之诛得宜，管、蔡之心见理，尔乃大义得通，内外兼叙，无相伐负者，则时论亦得释然而大解也。”

家 诫

人无志，非人也。但君子用心，所欲准行，自当量其善者，必拟议而后动。若志之所之，则口与心誓，守死无二，耻躬不逮，期于必济。若心疲体解，或牵于外物，或累于内欲；不堪近患，不忍小情，则议于去就。议于去就，则二心交争。二心交争，则向所以见役之情胜矣。或有中道而废，或有不成一匮而败之。以之守则不固，以之攻则怯弱。与之誓则多违，与之谋则善泄；临乐则肆情，处逸则极意。故虽繁华熠燿，无结秀之勋；终年之勤，无一旦之功。斯君子所以叹息也。若夫申胥之长吟，夷、齐之全洁，展季之执信，苏武之守节，可谓固矣。故以无心守之，安而体之，若自然也，乃是守志之盛者也。

所居长吏，但宜敬之而已矣，不当极亲密，不宜数往，往当有时。其有众人，又不当独在后，又不当宿留。所以然者，长吏喜问外事，或时发举，则怨或者谓人所说，无以自免也。若行寡言，慎备自守，则怨责之路解矣。

其立身当清远。若有烦辱，欲人之尽命；托人之请求，则当谦言辞谢，其素不预此辈事，当相亮耳。若有怨急，心所不忍，可外违拒，密为济之。所以然者，上远宜适之几，中绝常人淫辈之求，下全束修无玷之称；此又秉志之一隅也。

凡行事，先自审其可。不差于宜，宜行此事，而人欲易之，当说宜易之理。若使彼语殊佳者，勿羞折遂非也；若其理不足，而更以情求来守人，虽复云云，当坚执所守，此又秉志之一隅也。

不须行小小束修之意气，若见穷乏而有可以赈济者，便见义而作。若人从我，有所求欲者，先自思省。若有所损废多，于今日所济之义少，则当权其轻重而拒之。虽复守辱不已，犹当绝之。然大率人之告求，皆彼无我有，故来求我，此为与之多也。自不如此，而为轻竭。不忍面言，强副小情，未为有志也。

夫言语，君子之机，机动物应，则是非之形著矣，故不可不慎。若于意不善了，而本意欲言，则当惧有不了之失，且权忍之。后视向不言此事，无他不可，则向言或有不可，然则能不言，全得其可矣。且俗人传吉迟，传凶疾，又好议人之过阙，此常人之议也。坐言所言，自非高议，但是动静消息，小小异同，但当高视，不足和答也。非义不言，详静敬道，岂非寡悔之谓？人有相与变争，未知得失所在，慎勿预也。且默以观之，其是非行自可见。或有小是不足是，小非不是非，至竟可不言以待之。就有人问者，犹当辞以不解，近论议亦然。若会酒坐，见人争语，其形势似欲转盛，便当无何舍去之，此将斗之兆也。坐视必见曲直，党不能不有言，有言必是在一人，其不是者方自谓为直，则谓曲我者有私于彼，便怨恶之情生矣；或便获悖辱之言，正坐视之，大见是非，而争不了，则仁而无武，于义无可，故当远之也。然大都争讼者，小人耳。正复有是非，共济汗漫，虽胜，可足称哉？就不得远，取醉为佳。若意中偶有所讳，而彼必欲知者，若守大不已，或劫以鄙情，不可惮此小辈，而为所挽引，以尽其言。今正坚语，不知不识，方为有志耳。

自非知旧邻比，庶几已下，欲请呼者，当辞以他故，勿往也。外荣华则少欲，自非至急，终无求欲，上美也。不须作小小卑恭，当大谦裕；不须作小小廉耻，当全大让。若临朝让官，临义让生，若孔文举求代兄死，

此忠臣烈士之节。

凡人自有公私，慎勿强知人知。彼知我知之，则有忌于我。今知而不言，则便是不知矣。若见窃语私议，便舍起，勿使忌人也。或时逼迫，强与我共说，若其言邪险，则当正色以道义正之。何者？君子不容伪薄之言故也。一旦事败，便言某甲昔知吾事，是以宜备之深也。凡人私语，无所不有，宜预以为意，见之而走。或偶知其私事，与同则可，不同则彼恐事泄，思害人以灭迹也。非意所钦者，而来戏调蚩笑人之阙者，但莫应；从小共转至于不共；而勿大冰矜，趋以不言答之。势不得久，行自止也。自非所监临，相与无他宜，适有壶榼之意，束修之好，此人道所通，不须逆也。过此以往，自非通穆，匹帛之馈，车服之赠，当深绝之。何者？常人皆薄义而重利，今以自竭者，必有为而作。损货徼欢，施而求报，其俗人之所甘愿，而君子之所大恶也。

又慎不须离搂强劝人酒。不饮自已，若人来劝己，辄当为持之，勿诮勿逆也。见醉薰薰便止，慎不当至困醉，不能自裁也。

[二] 阮籍诗文

五言咏怀诗（八十二首）

其一

夜中不能寐，起坐弹鸣琴。薄帷鉴明月，清风吹我襟。
孤鸿号外野，翔鸟鸣北林。徘徊将何见，忧思独伤心。

其二

二妃游江滨，逍遥从风翔。交甫解佩环，婉娈有芬芳。
猗靡情欢爱，千载不相忘。倾城迷下蔡，容好结中肠。
感激生忧思，萱草树兰房。膏沐为谁施，其雨怨朝阳。
如何金石交，一旦更离伤？

其三

嘉树下成蹊，东园桃与李。秋风吹飞藿，零落从此始。
繁华有憔悴，堂上生荆杞。驱马舍之去，去上西山趾。
一身不自保，何况恋妻子！凝霜被野草，岁暮亦云已。

其四

天马出西北，由来从东道。春秋非有托，富贵焉常保。
清露被皋兰，凝霜沾野草。朝为媚少年，夕暮成丑老。
自非王子晋，谁能常美好？

其五

平生少年时，轻薄好弦歌。西游咸阳中，赵李相经过。
娱乐未终极，白日忽蹉跎。驱马复来归，反顾望三河。
黄金百镒尽，资用常苦多。北临太行道，失路将如何！

其六

昔闻东陵瓜，近在青门外。连畛距阡陌，子母相钩带。
五色曜朝日，嘉宾四面会。膏火自煎熬，多财为患害。
布衣可终身，宠禄岂足赖。

其七

炎暑惟兹夏，三旬将欲移。芳树垂绿叶，青云自逶迤。
四时更代谢，日月递参差。徘徊空堂上，忉怛莫我知。
愿睹卒欢好，不见悲别离。

其八

灼灼西隤日，馀光照我衣。回风吹四壁，寒鸟相因依。
周周尚衔羽，蛩蛩亦念饥。如何当路子，磬折忘所归。
岂为夸誉名，憔悴使心悲。宁与燕雀翔，不随黄鹄飞。
黄鹄游四海，中路将安归？

其九

步出上东门，北望首阳岑。下有采薇士，上有嘉树林。
良辰在何许？凝霜沾衣襟。寒风振山冈，玄云起重阴。
鸣雁飞南征，鶗鴂发哀音。素质游商声，凄怆伤我心。

其十

北里多奇舞，濮上有微音。轻薄闲游子，俯仰乍浮沈。
捷径从狭路，僶俛趋荒淫。焉见王子乔，乘云翔邓林。
独有延年术，可以慰我心。

十一

湛湛长江水，上有枫树林。皋兰被径路，青骊逝骎骎。
远望令人悲，春气感我心。三楚多秀士，朝云进荒淫。
朱华振芬芳，高蔡相追寻。一为黄雀哀，泪下谁能禁？

十二

昔日繁华子，安陵与龙阳。夭夭桃李花，灼灼有辉光。
悦怿若九春，磬折似秋霜。流盼发姿媚，言笑吐芬芳。
携手等欢爱，夙昔同衾裳。愿为双飞鸟，比翼共翱翔。
丹青著明誓，永世不相忘。

十三

登高临四野，北望青山阿。松柏翳冈岑，飞鸟鸣相过。
感慨怀辛酸，怨毒常苦多。李公悲东门，苏子狭三河。
求仁自得仁，岂复叹咨嗟？

十四

开秋兆凉气，蟋蟀鸣床帷。感物怀殷忧，悄悄令心悲。
多言焉所告，繁辞将诉谁？微风吹罗袂，明月耀清晖。
晨鸡鸣高树，命驾起旋归。

十五

昔年十四五，志尚好书诗。被褐怀珠玉，颜闵相与期。

开轩临四野，登高望所思。丘墓蔽山冈，万代同一时。

千秋万岁後，荣名安所之！乃悟羡门子，噭噭今自嗤。

十六

徘徊蓬池上，还顾望大梁。绿水扬洪波，旷野莽茫茫。

走兽交横驰，飞鸟相随翔。是时鹑火中，日月正相望。

朔风厉严寒，阴气下微霜。羁旅无俦匹，俯仰怀哀伤。

小人计其功，君子道其常。岂惜终憔悴，咏言著斯章。

十七

独坐空堂上，谁可与欢者？出门临永路，不见行车马。

登高望九州，悠悠分旷野。孤鸟西北飞，离兽东南下。

日暮思亲友，晤言用自写。

十八

悬车在西南，羲和将欲倾。流光耀四海，忽忽至夕冥。

朝为咸池晖，蒙汜受其荣。岂知穷达士，一死不再生。

视彼桃李花，谁能久荧荧！君子在何许，叹息未合并，

瞻仰景山松，可以慰吾情。

十九

西方有佳人，皎若白日光。被服纤罗衣，左右佩双璜。

修容耀姿美，顺风振微芳。登高眺所思，举袂当朝阳。

寄颜云霄闲，挥袖凌虚翔。飘恍惚中，流眄顾我傍。

悦怿未交接，晤言用感伤。

二十

杨朱泣歧路，墨子悲染丝。揖让长离别，飘难与期。

岂徒燕婉情，存亡诚有之。萧索人所悲，祸衅不可辞。

赵女媚中山，谦柔愈见欺。嗟嗟涂上士，何用自保持？

二十一

于心怀寸阴，羲阳将欲冥。挥袂抚长剑，仰观浮云征。
云间有玄鹤，抗志扬哀声。一飞冲青天，旷世不再鸣。
岂与鹑鷃游，连翩戏中庭。

二十二

夏后乘云舆，夸父为邓林。存亡从变化，日月有浮沉。
凤皇鸣参差，伶伦发其音。王子好箫管，世世相追寻。
谁言不可见，青鸟明我心。

二十三

东南有射山，汾水出其阳。六龙服气舆，云盖切天纲。
仙者四五人，逍遥晏兰房。寝息一纯和，呼噏成露霜。
沐浴丹渊中，照耀日月光。岂安通灵台，游瀁去高翔。

二十四

殷忧令志结，怵惕常若惊。逍遥未终晏，朱晖忽西倾。
蟋蟀在户牖，蟪蛄号中庭。心肠未相好，谁云亮我情。
愿为云间鸟，千里一哀鸣。三芝延瀛洲，远游可长生。

二十五

拔剑临白刃，安能相中伤。但畏工言子，称我三江旁。
飞泉流玉山，悬车栖扶桑。日月径千里，素风发微霜。
势路有穷达，咨嗟安可长。

二十六

朝登洪坡颠，日夕望西山。荆棘被原野，群鸟飞翩翩。
鸾时栖宿，性命有自然。建木谁能近，射干复婵娟。
不见林中葛，延蔓相勾连。

二十七

周郑天下交，街术当三河。妖冶闲都子，焕耀何芬葩。

玄发发朱颜，睇眄有光华。倾城思一顾，遗视来相夸。

愿为三春游，朝阳忽蹉跎。盛衰在须臾，离别将如何。

二十八

若木燿西海，扶桑翳瀛洲。日月经天途，明暗不相雠。

严达自有常，得失又何求。岂效路上童，携手共遨游。

阴阳有变化，谁云沉不浮。朱鳖跃飞泉，夜飞过吴洲。

俯仰运天地，再抚四海流。系累名利场，驽骏同一。

岂若遗耳目，升遐去殷忧。

二十九

昔余游大梁，登于黄华颠。共工宅玄冥，高台造青天。

幽荒邈悠悠，凄怆怀所怜。所怜者谁子？明察自照妍。

应龙沉冀州，妖女不得眠。肆侈陵世俗，岂云永厥年！

三十

驱车出门去，意欲远征行。征行安所如？背弃夸与名。

夸名不在己，但愿适中情。单帷蔽皎日，高榭隔微声。

谗邪使交疏，浮云令昼冥。嬿婉同衣裳，一顾倾人城。

从容在一时，繁华不再荣。晨朝奄复暮，不见所欢形。

黄鸟东南飞，寄言谢友生。

三十一

驾言发魏都，南向望吹台。箫管有遗音，梁王安在哉！

战士食糟糠，贤者处蒿莱。歌舞曲未终，秦兵已复来。

夹林非吾有，朱宫生尘埃。军败华阳下，身竟为土灰！

三十二

朝阳不再盛，白日忽西幽。去此若俯仰，如何似九秋，

人生若尘露，天道邈悠悠。齐景升丘山，涕泗纷交流。

孔圣临长川，惜逝忽若浮。去者余不及，来者吾不留。

愿登太华山，上与松子游。渔父知世患，乘流泛轻舟。

三十三

一日复一夕，一夕复一朝。颜色改平常，精神自损消。

胸中怀汤火，变化故相招。万事无穷极，知谋苦不饶。

但恐须臾间，魂气随风飘。终身履薄冰，谁知我心焦！

三十四

一日复一朝，一昏复一晨。容色改平常，精神自飘沦。

临觞多哀楚，思我故时人。对酒不能言，凄怆怀酸辛。

愿耕东皋阳，谁与守其真？愁苦在一时，高行伤微身。

曲直何所为？龙蛇为我邻。

三十五

世务何缤纷，人道苦不遑。壮年以时逝，朝露待太阳。

愿揽羲和辔，白日不移光。天阶路殊绝，云汉邈无梁。

濯发旸谷滨，远游昆岳傍。登彼列仙岨，采此秋兰芳。

时路乌足争，太极可翱翔。

三十六

谁言万事艰，逍遥可终生。临堂翳华树，悠悠念无形。

彷徨思亲友，倏忽复至冥。寄言东飞鸟，可用慰我情。

三十七

嘉时在今辰，零雨洒尘埃。临路望所思，日夕复不来。

人情有感慨，荡漾焉能排。挥涕怀哀伤，辛酸谁语哉！

三十八

炎光延万里，洪川荡湍濑。弯弓挂扶桑，长剑倚天外。

泰山成砥砺，黄河为裳带。视彼庄周子，荣枯何足赖。

捐身弃中野，乌鸢作患害。岂若雄杰士，功名从此大。

三十九

壮士何慷慨，志欲威八荒。驱车远行役，受命念自忘。

良弓挟乌号，明甲有精光。临难不顾生，身死魂飞扬。

岂为全躯士？效命争战场。忠为百世荣，义使令名彰。

垂声谢後世，气节故有常。

四十

混元生两仪，四象运衡玑。暾日布炎精，素月垂景辉。

晷度有昭回，哀哉人命微！飘若风尘逝，忽若庆云晞。

修龄适余愿，光宠非己威。安期步天路，松子与世违。

焉得凌霄翼，飘登云湄。嗟哉尼父志，何为居九夷！

四十一

天网弥四野，六翮掩不舒。随波纷纶客，泛泛若浮凫。

生命无期度，朝夕有不虞。列仙停修龄，养志在冲虚。

飘云日间，邈与世路殊。荣名非己宝，声色焉足娱？

采药无旋返，神仙志不符。逼此良可惑，令我久踌躇。

四十二

王业须良辅，建功俟英雄。元凯康哉美，多士颂声隆。

阴阳有舛错，日月不常融。天时有否泰，人事多盈冲。

园绮遯南岳，伯阳隐西戎。保身念道真，宠耀焉足崇。

人谁不善始，能克厥终。休哉上世士，万载垂清风！

四十三

鸿鹄相随飞，飞飞适荒裔。双翮临长风，须臾万里逝。朝餐琅玕实，夕宿丹山际。抗身青云中，网罗孰能制？岂与乡曲士，携手共言誓？

四十四

俦物终始殊，修短各异方。琅玕生高山，芝英耀朱堂。荧荧桃李花，成蹊将夭伤。焉敢希千术，三春表微光。自非凌风树，憔悴乌有常。

四十五

幽兰不可佩，朱草为谁荣？修竹隐山阴，射干临增城。葛藟延幽谷，绵绵瓜瓞生。乐极消灵神，哀深伤人情。竟知忧无益，岂若归太清！

四十六

鷽鸠飞桑榆，海鸟运天地。岂不识宏大，羽翼不相宜。招摇安可翔，不若栖树枝。下集蓬艾间，上游园圃篱。但尔亦自足，用子为追随。

四十七

生命辰安在，忧戚涕沾襟。高鸟翔山冈，燕雀栖下林。青云蔽前庭，素琴凄我心。崇山有鸣鹤，岂可相追寻。

四十八

鸣鸠嬉庭树，焦明游浮云。焉见孤翔鸟，翩翩无匹群。死生自然理，消散何缤纷！

四十九

步游三衢旁，惆怅念所思。岂为今朝见，恍惚诚有之。泽中生乔松，万世未可期。高鸟摩天飞，凌云共游嬉。岂有孤行士，垂涕悲故时。

五十

清露为凝霜，华草成蒿莱。谁云君子贤，明达安可能。乘云招松乔，呼噏永矣哉！

五十一

丹心失恩泽，重德丧所宜。善言焉可长，慈惠未易施。不见南飞燕，羽翼正差池。高子怨新诗，三闾悼乖离。何为混沌氏，倏忽体貌隳。

五十二

十日出旸谷，弭节驰万里。经天耀四海，倏忽潜蒙汜。谁言焱炎久，游没何行俟。逝者岂长生，亦去荆与杞。千岁犹崇朝，一餐聊自已。是非得失间，焉足相讥理。计利知术穷，哀情遽能止。

五十三

自然有成理，生死道无常。智巧万端出，大要不易方。如何夸毗子，作色怀骄肠。乘轩驱良马，凭几向膏粱。被服纤罗衣，深榭设闲房。不见日夕华，翩翩飞路傍。

五十四

夸谈快愤懑，情慵发烦心。西北登不周，东南望邓林。旷野弥九州，崇山抗高岑。一餐度万世，千岁再浮沈。谁云玉石同？泪下不可禁。

五十五

人言愿延年，延年欲焉之？黄鹄呼子安，千秋未可期。独坐山中，恻怆怀所思。王子一何好！猗靡相携持。悦怿犹今辰，计校在一时。置此明朝事，日夕将见欺。

五十六

贵贱在天命，穷达自有时。婉娈佞邪子，随利来相欺。

孤思损惠施，但为谗夫嗤。鹡鸰鸣云中，载飞靡所期。

焉知倾侧士，一旦不可持。

五十七

惊风振四野，回云荫堂隅。床帷为谁设？几杖为谁扶？

虽非明君子，岂闇桑与榆？世有此聋聩，芒芒将焉如？

翩翩从风飞，悠悠去故居。离麾玉山下，遗弃毁与誉。

五十八

危冠切浮云，长剑出天外。细故何足虑，高度跨一世。

非子为我御，逍遥游荒裔。顾谢西王母，吾将从此逝。

岂与蓬户士，弹琴诵言誓！

五十九

河上有丈人，纬萧弃明珠。甘彼藜藿食，乐是蓬蒿庐。

岂效缤纷子，良马骋轻舆。朝生衢路旁，夕瘗横术隅。

欢笑不终晏，俯仰复欷歔。鉴兹二三者，愤懑从此舒。

六十

儒者通六艺，立志不可干。违礼不为动，非法不肯言。

渴饮清泉流，饥食并一箪。岁时无以祀，衣服常苦寒。

屣履咏《南风》，缊袍笑华轩。信道守诗书，义不受一餐。

烈烈褒贬辞，老氏用长叹！

六十一

少年学击刺，妙伎过曲城。英风截云霓，超世发奇声。

挥剑临沙漠，饮马九野坰。旗帜何翩翩，但闻金鼓鸣。

军旅令人悲，烈烈有哀情。念我平常时，悔恨从此生。

六十二

平昼整衣冠，思见客与宾。宾客者谁子？倏忽若飞尘。

裳衣佩云气，言语究灵神。须臾相背弃，何时见斯人！

六十三

多虑令志散，寂寞使心忧。翱翔观陂泽，抚剑登轻舟。

但愿长闲暇，后岁复来游。

六十四

朝出上东门，遥望首阳基。松柏郁森沉，鹂黄相与嬉。

逍遥九曲间，徘徊欲何之。念我平居时，郁然思妖姬。

六十五

王子十五年，游衍伊洛滨，朱颜茂春华，辩慧怀清真。

焉见浮丘公，举手谢时人。轻荡易恍惚，飘弃其身。

飞飞鸣且翔，挥翼且酸辛。

六十六

塞门不可出，海水焉可浮。朱明不相见，奄昧独无侯。

持瓜思东陵，黄雀诚独羞。失势在须臾，带剑上吾丘。

悼彼桑林子，涕下自交流。假乘汧渭间，鞍马去行游。

六十七

洪生资制度，被服正有常。尊卑设次序，事物齐纪纲。

容饰整颜色，磬折执圭璋。堂上置玄酒，室中盛稻粱。

外厉贞素谈，户内灭芬芳。放口从衷出，复说道义方。

委曲周旋仪，姿态愁我肠。

六十八

北临乾昧溪，西行游少任。遥顾望天津，骀荡乐我心。

绮靡存亡门，一游不再寻。傥遇晨风鸟，飞驾出南林。

漭瀁瑶光中，忽忽肆荒淫。休息晏清都，超世又谁禁。

六十九

人知结交易，交友诚独难。险路多疑惑，明珠未可干。

彼求飨太牢，我欲并一餐。损益生怨毒，咄咄复何言。

七十

有悲则有情，无悲亦无思。苟非婴网罟，何必万里畿。

翔风拂重霄，庆云招所晞。灰心寄枯宅，曷顾人间姿。

始得忘我难，焉知嘿自遗。

七十一

木槿荣丘墓，煌煌有光色。白日颓林中，翩翩零路侧。

蟋蟀吟户牖，蟪蛄鸣荆棘。蜉蝣玩三朝，采采修羽翼。

衣裳为谁施？俯仰自收拭。生命几何时？慷慨各努力。

七十二

修途驰轩车，长川载轻舟。性命岂自然，势路有所由。

高名令志惑，重利使心忧。亲昵怀反侧，骨肉还相雠。

更希毁珠玉，可用登遨游。

七十三

横术有奇士，黄骏服其箱。朝起瀛洲野，日夕宿明光。

再抚四海外，羽翼自飞扬。去置世上事，岂足愁我肠。

一去长离绝，千岁复相望。

七十四

猗欤上世士，恬淡志安贫。季叶道陵迟，驰骛纷垢尘。

宁子岂不类？杨歌谁肯殉？栖栖非我偶，徨徨非己伦。

咄嗟荣辱事，去来味道真。道真信可娱，清洁存精神。

巢由抗高节，从此适河滨。

七十五

梁东有芳草，一朝再三荣。色容艳姿美，光华耀倾城。

岂为明哲士，妖蛊谄媚生。轻薄在一时，安知百世名。

路端便娟子，但恐日月倾。焉见冥灵木，悠悠竟无形。

七十六

秋驾安可学，东野穷路旁。纶深鱼渊潜，矰设鸟高翔。

泛泛乘轻舟，演漾靡所望。吹嘘谁以益？江湖相捐忘。

都冶难为颜，修容是我常。兹年在松乔，恍惚诚未央。

七十七

咄嗟行至老，僶俛常苦忧。临川羡洪波，同始异支流。

百年何足言，但苦怨与雠。雠怨者谁子？耳目还相羞。

声色为胡越，人情自逼遒。招彼玄通士，去来归羡游。

七十八

昔有神仙士，乃处射山阿。乘云御飞龙，嘘噏叽琼华。

可闻不可见，慷慨叹咨嗟。自伤非俦类，愁苦来相加。

下学而上达，忽忽将如何！

七十九

林中有奇鸟，自言是凤凰。清朝饮醴泉，日夕栖山冈。

高鸣彻九州，延颈望八荒。适逢商风起，羽翼自摧藏。

一去昆仑西，何时复回翔？但恨处非位，怆恨使心伤！

八十

出门望佳人，佳人岂在兹？三山招松乔，万世谁与期？

存亡有长短，慷慨将焉知？忽忽朝日隤，行行将何之？

不见季秋草，摧折在今时。

八十一

昔有神仙者，羡门及松乔。噏习九阳间，升遐叽云霄。

人生乐长久，百年自言辽。白日陨隅谷，一夕不再朝。

岂若遗世物，登明遂飘飖。

八十二

墓前荧荧者，木槿耀朱华。荣好未终朝，连飚陨其葩。

岂若西山草，琅玕与丹禾。垂影临增城，余光照九阿。

宁微少年子，日久难咨嗟。

大人先生传（节选）

大人先生盖老人也，不知姓字。陈天地之始，言神农黄帝之事，昭然也；莫知其生年之数。尝居苏门之山，故世或谓之闲。养性延寿，与自然齐光。其视尧、舜之所事，若手中耳。以万里为一步，以千岁为一朝。行不赴而居不处，求乎大道而无所寓。先生以应变顺和，天地为家，运去势颓，魁然独存。自以为能足与造化推移，故默探道德，不与世同。自好者非之，无识者怪之，不知其变化神微也。而先生不以世之非怪而易其务也。先生以为中区之在天下，曾不若蝇蚊之著帷，故终不以为事，而极意乎异方奇域，游览观乐非世所见，徘徊无所终极。遗其书于苏门之山而去，天下莫知其所如往也。

或遗大人先生书，曰："天下之贵，莫贵于君子。服有常色，貌有常则，言有常度，行有常式。立则磬折，拱若抱鼓。动静有节，趋步商羽，进退周旋，咸有规矩。心若怀冰，战战栗栗。束身修行，日慎一日。择地而行，唯恐遗失。颂周、孔之遗训，叹唐、虞之道德，唯法是修，唯礼是克。手执珪璧，足履绳墨，行欲为目前检，言欲为无穷则。少称乡闾，长闻邦国，上欲图三公，下不失九州牧。故挟金玉，垂文组，享尊位，取茅土。扬声名于后世，齐功德于往古。奉事君上，牧养百姓，退营私家，

育长妻子。卜吉而宅，虑乃亿祉。远祸近福，永坚固己。此诚士君子之高致，古今不易之美行也。今先生乃披发而居巨海之中，与若君子者远，吾恐世之叹先生而非之也。行为世所笑，身无自由达，则可谓耻辱矣。身处困苦之地，而行为世俗之所笑，吾为先生不取也。”

于是大人先生乃逌然而叹，假云霓而应之曰：“若之云尚何通哉！夫大人者，乃与造物同体，天地并生，逍遥浮世，与道俱成，变化散聚，不常其形。天地制域于内，而浮明开达于外。天地之永，固非世俗之所及也。吾将为汝言之：

“往者天尝在下，地尝在上，反覆颠倒，未之安固。焉得不失度式而常之？天因地动，山陷川起，云散震坏，六合失理，汝又焉得择地而行，趋步商羽？往者群气争存，万物死虑，支体不从，身为泥土，根拔枝殊，咸失其所，汝又焉得束身修行、磬折抱鼓？李牧功而身死，伯宗忠而世绝，进求利而丧身，营爵赏而家灭，汝又焉得挟金玉万亿，祗奉君上，而全妻子乎？

“且汝独不见夫虱之处于裈中，逃乎深缝，匿乎坏絮，自以为吉宅也。行不敢离缝际，动不敢出裈裆，自以为得绳墨也。饥则啮人，自以为无穷食也。然炎丘火流，焦邑灭都，群虱死于裈中而不能出。汝君子之处区内，亦何异夫虱之处裈中乎？悲夫！而乃自以为远祸近福，坚无穷也。亦观夫阳乌游于尘外，而鹪鹩戏于蓬艾，小大固不相及，汝又何以为若君子闻于余乎？

“且近者夏丧于商，周播之刘，耿、薄为墟，丰、镐成丘。至人来一顾，而世代相酬。厥居未定，他人已有。汝之茅土，谁将与久？是以至人不处而居，不修而治，日月为正，阴阳为期，岂吝情乎世，系累于一时？乘东云，驾西风，与阴守雌，据阳为雄。志得欲从，物莫之穷。又何不能自达而畏夫世笑哉？

“昔者天地开辟，万物并生，大者恬其性，细者静其形。阴藏其气，阳发其精，害无所避，利无所争。放之不失，收之不盈；亡不为夭，存不为寿。福无所得，祸无所咎；各从其命，以度相守。明者不以智胜，暗者

不以愚败，弱者不以迫畏，强者不以力尽。盖无君而庶物定，无臣而万事理，保身修性，不违其纪。惟兹若然，故能长久。今汝造音以乱声，作色以诡形，外易其貌，内隐其情。怀欲以求多，诈伪以要名；君立而虐兴，臣设而贼生。坐制礼法，束缚下民。欺愚诳拙，藏智自神。强者睽视而凌暴，弱者憔悴而事人。假廉而成贪，内险而外仁，罪至不悔过，幸遇则自矜。驰此以奏除，故循滞而不振。

“夫无贵则贱者不怨，无富则贫者不争，各足于身而无所求也。恩泽无所归，则死败无所仇。奇声不作，则耳不易听；淫色不显，则目不改视。耳目不相易改，则无以乱其神矣，此先世之所至止也。今汝尊贤以相高，竞能以相尚，争势以相君，宠贵以相加，趋天下以趣之，此所以上下相残也。竭天地万物之至，以奉声色无穷之欲，此非所以养百姓也。于是惧民之知其然，故重赏以喜之，严刑以威之。财匮而赏不供，刑尽而罚不行，乃始有亡国、戮君、溃败之祸。此非汝君子之为乎？汝君子之礼法，诚天下残贼、乱危、死亡之术耳！而乃目以为美行不易之道，不亦过乎？今吾乃飘飖于天地之外，与造化为友，朝飧汤谷，夕饮西海，将变化迁易，与道周始。此之于万物，岂不厚哉！故不通于自然者，不足以言道；暗于昭昭者，不足与达明，子之谓也。”

先生既申若言，天下之喜奇者异之，忾者高之。其不知其体，不见其情，猜耳其道，虚伪之名。莫识其真，弗达其情，虽异而高之，与向之非怪者，蔑如也。至人者，不知乃贵，不见乃神。神贵之道存乎内，而万物运于天外矣。故天下终而不知其用也。……

［三］刘伶文

酒德颂

有大人先生者，以天地为一朝，万朝为须臾，日月为扃牖，八荒为庭衢。行无辙迹，居无室庐，幕天席地，纵意所如。止则操卮执觚，动则挈

榼提壶，唯酒是务，焉知其余？

有贵介公子，缙绅处士，闻吾风声，议其所以。乃奋袂攘襟，怒目切齿，陈说礼法，是非锋起。先生于是方奉罂承槽，衔杯漱醪。奋髯箕踞，枕麴藉糟。无思无虑，其乐陶陶。兀然而醉，豁尔而醒。静听不闻雷霆之声，熟视不睹太山之形。不觉寒暑之切肌，利欲之感情。俯观万物，扰扰焉如江汉三载浮萍。二豪侍侧焉，如蜾蠃之与螟蛉。

［四］向秀赋

思旧赋

余与嵇康、吕安居止接近，其人并有不羁之才。然嵇志远而疏，吕心旷而放，其后各以事见法。嵇博综技艺，于丝竹特妙，临当就命，顾视日影，索琴而弹之。余逝将西迈，经其旧庐。于时日薄虞渊，寒冰凄然。邻人有吹笛者，发音寥亮。追思曩昔游宴之好，感音而叹，故作赋云：

将命适于远京兮，遂旋反而北徂。济黄河以泛舟兮，经山阳之旧居。

瞻旷野之萧条兮，息余驾乎城隅。践二子之遗迹兮，历穷巷之空庐。

叹《黍离》之愍周兮，悲《麦秀》于殷墟。惟古昔以怀今兮，心徘徊以踌躇。

栋宇存而弗毁兮，形神逝其焉如？昔李斯之受罪兮，叹黄犬而长吟。

悼嵇生之永辞兮，顾日影而弹琴。托运遇于领会兮，寄余命于寸阴。

听鸣笛之慷慨兮，妙声绝而复寻。停驾言其将迈兮，遂援翰而写心。

［五］山涛文

陈情表

古之王道，正直而已。陛下不可以一老臣为加曲私，臣亦何必屡陈日月。乞如所表，以章典刑。（《晋书·山涛传》）

上告退疏

臣年垂八十，救命旦夕，若有毫末之益，岂遗力于圣时。迫以老耄，不复任事。今四海休息，天下思化，从而静之，百姓自正。但当崇风尚教以敦之耳，陛下亦复何事。臣耳目聋瞑，不能自励。君臣父子，其间无文，是以直陈愚情，乞听所请。（《晋书·山涛传》）

乞骸骨表

臣事天朝三十余年，卒无毫厘以崇大化。陛下私臣无已，猥授三司。臣闻德薄位高，力少任重，上有折足之凶，下有庙门之咎，愿陛下垂累世之恩，乞臣骸骨。（《晋书·山涛传》）

山公启事（二则）

荐嵇绍启事

绍平简温敏，有文思，又晓音，当成济也。犹宜先作秘书郎。（《世说新语·政事》8注引《山公启事》）

荐阮咸启事

真素寡欲，深识清浊，万物不能移也。若在官人之职，必妙绝于时。（《世说新语·赏誉》12注引山涛《启事》）

［六］阮咸文

律　议

勖所造声高、高则悲。夫亡国之音哀以思，其民困。今声不合雅，惧非德政中和之音，必是古今尺有长短所致。然今钟磬是魏时杜夔所造，不与勖律相应，音声舒雅，而久不知夔所造，时人为之，不足改易。”（《世说新语·术解》1注引《晋诸公赞》）

附录二 竹林七贤生平传记及评论资料

[一]《世说新语》所见竹林七贤资料

陈留阮籍、谯国嵇康、河内山涛三人年皆相比，康年少亚之。预此契者，沛国刘伶、陈留阮咸、河内向秀、琅邪王戎。七人常集于竹林之下，肆意酣畅，故世谓“竹林七贤”。（《任诞》1）

嵇 康

嵇康身长七尺八寸，风姿特秀。见者叹曰：“萧萧肃肃，爽朗清举。”或云：“肃肃如松下风，高而徐引。”山公曰：“嵇叔夜之为人也，岩岩若孤松之独立；其醉也，傀俄若玉山之将崩。”（《容止》5）

有人语王戎曰：“嵇延祖卓卓如野鹤之在鸡群。”答曰：“君未见其父耳。”（《容止》11）

王戎云：“与嵇康居二十年，未尝见其喜愠之色。”（《德行》16）

嵇康游于汲郡山中，遇道士孙登，遂与之游。康临去，登曰：“君才则高矣，保身之道不足。”（《栖逸》2）

钟士季精有才理，先不识嵇康，钟要于时贤俊者之士，俱往寻康。康方大树下锻，向子期为佐鼓排。康扬槌不辍，傍若无人，移时不交一言。钟起去，康曰：“何所闻而来？何所见而去？”钟曰：“闻所闻而来，见所见而去。”（《简傲》3）

嵇中散临刑东市，神气不变。索琴弹之，奏《广陵散》。曲终，曰：“袁孝尼尝请学此散，吾靳固不与，《广陵散》于今绝矣！”太学生三千人上书，请以为师，不许。文王亦寻悔焉。（《雅量》2）

山公将去选曹，欲举嵇康；康与书告绝。（《栖逸》3）

阮籍

阮籍嫂尝回家，籍见与别。或讥之。籍曰：“礼岂为我辈设也？”（《任诞》7）

阮公邻家妇，有美色，当垆酤酒。阮与王安丰常从妇饮酒。阮醉，便眠其妇侧。夫始殊疑之，伺察，终无他意。（《任诞》8）

阮步兵啸，闻数百步。苏门山中，忽有真人，樵伐者咸共传说。阮籍往观，见其人拥膝岩侧，籍登岭就之，箕踞相对。籍商略终古，上陈黄、农玄寂之道，下考三代盛德之美以问之，仡然不应。复叙有为之教、栖神道气之术以观之，彼犹如前，凝瞩不转。籍因对之长啸。良久，乃笑曰：“可更作。”籍复啸。意尽，退，还半岭许，闻上然有声，如数部鼓吹，林谷传响，顾看，乃向人啸也。（《栖逸》1）

晋文王称：“阮嗣宗至慎，每与之言，言皆玄远，未尝臧否人物。”（《德行》15）

步兵校尉缺，厨中有贮酒数百斛，阮籍乃求为步兵校尉。（《任诞》5）

阮籍当葬母，蒸一肥豚，饮酒二斗，然后临诀，直言：“穷矣！”都得一号，因吐血，废顿良久。（《任诞》9）

阮籍遭母丧，在晋文王坐，进酒肉。司隶何曾亦在坐，曰：“明公方以孝治天下，而阮籍以重丧显于公坐饮酒食肉，宜流之海外，以正风教。”文王曰：“嗣宗毁顿如此，君不能共忧之，何谓？且有疾而饮酒食肉，固丧礼也！”籍饮啖不辍，神色自若。（《任诞》2）

阮步兵丧母，裴令公往吊之。阮方醉，散发坐床，箕踞不哭。裴至，

下席于地，哭，吊唁毕便去。或问裴："凡吊，主人哭，客乃为礼。阮既不哭，君何为哭？"裴曰："阮方外之人，故不崇礼制。我辈俗中人，故以仪轨自居。"时人叹为两得其中。（《任诞》11）

魏朝封晋文王为公，备礼九锡，文王固让不受。公卿将校当诣府敦喻。司空郑冲司空郑冲冲已见。驰遣信就阮籍求文。籍时在袁孝尼家，宿醉扶起，书札为之，无所点定，乃写付使。时人以为神笔。（《文学》67）

刘 伶

刘伶身长六尺，貌甚丑悴，而悠悠忽忽，土木形骸。（《容止》13）

刘伶著《酒德颂》，意气所寄。（《文学》69）

刘伶病酒，渴甚，从妇求酒。妇捐酒毁器，涕泣谏曰："君饮太过，非摄生之道，必宜断之！"伶曰："甚善。我不能自禁，唯当祝鬼神自誓断之耳！便可具酒肉。"妇曰："敬闻命。"供酒肉于神前，请伶祝誓。伶跪而祝曰："天生刘伶，以酒为名，一饮一斛，五斗解酲。妇人之言，慎不可听！"便引酒进肉，隗然已醉矣。（《任诞》3）

刘伶尝纵酒放达，或脱衣裸形在屋中。人见讥之，伶曰："我以天地为栋宇，屋室为裈衣，诸君何为入我裈中！"（《任诞》6）

阮 咸

阮仲容、步兵居道南，诸阮居道北。北阮皆富，南阮贫。七月七日，北阮盛晒衣，皆纱罗锦绮。仲容以竿挂大布犊鼻裈于中庭。人或怪之，答曰："未能免俗，聊复尔耳。"（《任诞》10）

诸阮皆能饮酒，仲容至宗人间共集，不复用常杯斟酌，以大瓮盛酒，围坐，相向大酌。时有群猪来饮，直接去上，便共饮之。（《任诞》12）

阮浑长成，风气韵度似父，亦欲作达。步兵曰："仲容已预之，卿不得复尔。"（《任诞》13）阮仲容先幸姑家鲜卑婢。及居母丧，姑当远移，初

云当留婢，既发，定将去。仲容借客驴，著重服自追之，累骑而返，曰：“人种不可失！”即遥集之母也。（《任诞》15）

荀勖善解音声，时论谓之“闇解”，遂调律吕，正雅乐。每至正会，殿庭作乐，自调宫商，无不谐韵。阮咸妙赏，时谓“神解”。每公会作乐，而心谓之不调。既无一言直勖，意忌之，遂出阮为始平太守。后有一田父耕于野，得周时玉尺，便是天下正尺，荀试以校己所治钟鼓、金石、丝竹，皆觉短一黍，于是伏阮神识。（《术解》1）

山涛

山公与嵇、阮一面，契若金兰。山妻韩氏，觉公与二人异于常交，问公，公曰：“我当年可以为友者，唯此二生耳。”妻曰：“负羁之妻亦亲观狐、赵，意欲窥之，可乎？”他日，二人来，妻劝公止之宿，具酒肉。夜穿墉以视之，达旦忘反。公入曰：“二人何如？”妻曰：“君才殊不如，正当以识度相友耳。”公曰：“伊辈亦常以我度为胜。”（《贤媛》11）

山公以器重朝望，年逾七十，犹知管时任。贵胜年少，若和、裴、王之徒，并共言咏。有署阁柱曰：“阁东有大牛，和峤鞅，裴楷秋，王济剔嬲不得休。”或云潘尼作之。（《政事》5）

嵇康被诛后，山公举康子绍为秘书丞。绍咨公出处，公曰：“为君思之久矣。天地四时，犹有消息，而况人乎？”（《政事》8）

晋武帝讲武于宣武场，帝欲偃武修文，亲自临幸，悉召群臣。山公谓不宜尔，因与诸尚书言孙、吴用兵本意。遂究论，举坐无不咨嗟，皆曰：“山少傅乃天下名言。”后诸王骄汰，轻遘祸难。于是寇盗处处蚁合，郡国多以无备，不能制服，遂渐炽盛，皆如公言。时人以谓“山涛不学孙、吴，而暗与之理会”。王夷甫亦叹云：“公暗与道合！”（《识鉴》4）

山公举阮咸为吏部郎，目曰：“清真寡欲，万物不能移也。”（《赏誉》12）

王 戎

裴令公目王安丰："眼烂烂如岩下电。"（《容止》6）

王戎七岁，尝与诸小儿游。看道边李树多子折枝，诸儿竞走取之，唯戎不动。人问之，答曰："树在道边而多子，此必苦李。"取之，信然。（《雅量》4）

魏明帝于宣武场上断虎爪牙，纵百姓观之。王戎七岁，亦往看。虎承间攀栏而吼，其声震地，观者无不辟易颠仆，戎湛然不动，了无恐色。（《雅量》5）

王戎为侍中，南郡太守刘肇遗筒中笺布五端，戎虽不受，厚报其书。（《雅量》6）

王戎弱冠诣阮籍，时刘公荣在坐，阮谓王曰："偶有二斗美酒，当与君共饮，彼公荣者无预焉。"二人交觞酬酢，公荣遂不得一杯，而言语谈戏三人无异。或有问之者，阮答曰："胜公荣者，不可不与饮酒；不如公荣者，不可不与饮酒；唯公荣，可不与饮酒。"（《简傲》2）

嵇、阮、山、刘在竹林酣饮，王戎后往。步兵曰："俗物已复来败人意！"王笑曰："卿辈意，亦复可败邪？"（《排调》4）

王戎、和峤同时遭大丧，俱以孝称。王鸡骨支床，和哭泣备礼。武帝谓刘仲雄曰："卿数省王、和不？闻和哀苦过礼，使人忧之。"仲雄曰："和峤虽备礼，神气不损；王戎虽不备礼，而哀毁骨立。臣以和峤生孝，王戎死孝。陛下不应忧峤，而应忧戎。"（《德行》17）

裴成公妇，王戎女。王戎晨往裴许，不通径前。裴从床南下，女从北下，相对作宾主，了无异色。（《任诞》14）

王戎俭吝，其从子婚，与一单衣，后更责之。（《俭啬》2）

司徒王戎既贵且富，区宅、僮牧，膏田水碓之属，洛下无比。契疏鞅掌，每与夫人烛下散筹算计。（《俭啬》3）

王戎有好李，常卖之，恐人得其种，恒钻其核。（《俭啬》4）

王戎女适裴頠，贷钱数万。女归，戎色不说，女遽还钱，乃释然。（《俭啬》5）

王浚冲为尚书令，箸公服，乘轺车，经黄公酒垆下过。韦昭《汉书注》曰：垆，酒肆也。以土为堕，四边高似垆也。顾谓后车客："吾昔与嵇叔夜、阮嗣宗共酣饮于此垆。竹林之游，亦预其末。自嵇生夭、阮公亡以来，便为时所羁绁。今日视此虽近，邈若山河。"（《伤逝》2）

王戎丧儿万子，山简往省之，王悲不自胜。简曰："孩抱中物，何至于此？"王曰："圣人忘情，最下不及情，情之所钟，正在我辈！"简服其言，更为之恸。（《伤逝》4）

向　秀

初，注《庄子》者数十家，莫能究其旨要。向秀于旧注外为解义，妙析奇致，大畅玄风，唯《秋水》《至乐》二篇未竟而秀卒。秀子幼，义遂零落，然犹有别本。郭象者，为人薄行，有俊才，见秀义不传于世，遂窃为己注，乃自注《秋水》《至乐》二篇，又易《马蹄》一篇，其余众篇，或定点文句而已。后秀义别本出，故今有向、郭二《庄》，其义一也。（《文学》17）

嵇中散既被诛，向子期举郡计入洛，文王引进，问曰："闻君有箕山之志，何以在此？"对曰："巢、许狷介之士，不足多慕。"王大咨嗟。（《言语》18）

其　他

嵇康与吕安善，每一相思，千里命驾。安后来，值康不在，喜出户延之，不入。题门上作"鳳"字而去。喜不觉，犹以为欣，故作。"鳳"字，凡鸟也。（《简傲》4）

林下诸贤，各有俊才子：籍子浑，器量弘旷；康子绍，清远雅正；涛子简，疏通高素；咸子瞻，虚夷有远志，瞻弟孚，爽朗多所遗；秀子纯、悌，并令淑有清流；戎子万子，有大成之风，“苗而不秀”；唯伶子无闻。凡此诸子，唯瞻为冠，绍、简亦见重当世。（《赏誉》29）

嵇中散语赵景真：“卿瞳子白黑分明，有白起之风，恨量小狭。”赵云：“尺表能审玑衡之度，寸管能测往复之气。何必在大？但问识如何耳。”（《言语》15）

旧云，王丞相过江左，止道《声无哀乐》《养生》《言尽意》三理而已，然宛转关生，无所不入。（《文学》21）

谢遏诸人共道“竹林”优劣，谢公曰：“先辈初不臧贬‘七贤’。”（《品藻》71）

谢公道豫章：“若遇七贤，必自把臂入林。”（《赏誉》97）

[二] 其他文献所见竹林七贤资料

夏侯太初、何平叔、王辅嗣为正始名士；阮嗣宗、嵇叔夜、山巨源、向子期、刘伯伦、阮仲容、王浚冲为竹林名士；裴叔则、乐彦辅、王夷甫、庾子嵩、王安期、阮千里、卫叔宝、谢幼舆为中朝名士。（《世说新语·文学》94刘注引袁宏《名士传》）

瑀子籍，才藻艳逸，而倜傥放荡，行己寡欲，以庄周为模则。官至步兵校尉。（《三国志·王粲传》）

时又有谯郡嵇康，文辞壮丽，好言老、庄，而尚奇任侠。至景元中，坐事诛。（《三国志·王粲传》）

籍旷达不羁，不拘礼俗。性至孝，居丧虽不率常检，而毁几至灭性。兖州刺史王昶请与相见，终日不得与言，昶叹赏之，自以不能测也。太尉蒋济闻而辟之，后为尚书郎、曹爽参军，以疾归田里。岁余，爽诛，太傅及大将

军乃以为从事中郎。后朝论以其名高，欲显崇之，籍以世多故，禄仕而已，闻步兵校尉缺，厨多美酒，营人善酿酒，求为校尉，遂纵酒昏酣，遗落世事。尝登广武，观楚、汉战处，乃叹曰："时无英才，使竖子成名乎！"时率意独驾，不由径路，车迹所穷，辄恸哭而反。籍少时尝游苏门山，苏门山有隐者，莫知名姓，有竹实数斛、臼杵而已。籍从之，与谈太古无为之道，及论五帝三王之义，苏门生萧然曾不经听。籍乃对之长啸，清韵响亮，苏门生逌尔而笑。籍既降，苏门生亦啸，若鸾凤之音焉。至是，籍乃假苏门先生之论以寄所怀。其歌曰："日没不周西，月出丹渊中，阳精蔽不见，阴光代为雄。亭亭在须臾，厌厌将复隆。富贵俯仰间，贫贱何必终。"又叹曰："天地解兮六合开，星辰陨兮日月颓，我腾而上将何怀？"籍口不论人过，而自然高迈，故为礼法之士何曾等深所雠疾。大将军司马文王常保持之，卒以寿终。子浑字长成。（《三国志·王粲传》注引《魏氏春秋》）

康父昭，字子远，督军粮治书侍御史。兄喜，字公穆，晋扬州刺史、宗正。（《三国志·王粲传》注引《嵇氏谱》）

（康）家世儒学，少有俊才，旷迈不群，高亮任性，不修名誉，宽简有大量。学不师授，博洽多闻，长而好老、庄之业，恬静无欲。性好服食，尝采御上药。善属文论，弹琴咏诗，自足于怀抱之中。以为神仙者，禀之自然，非积学所致。至于导养得理，以尽性命，若安期、彭祖之伦，可以善求而得也；著《养生篇》。知自厚者所以丧其所生，其求益者必失其性，超然独达，遂放世事，纵意于尘埃之表。撰录上古以来圣贤、隐逸、遁心、遗名者，集为传赞，自混沌至于管宁，凡百一十有九人，盖求之于宇宙之内，而发之乎千载之外者矣。故世人莫得而名焉。（《三国志·王粲传》注引嵇喜《嵇康别传》）

康家本姓奚，会稽人。先自会稽迁于谯之铚县，改为嵇氏，取"嵇"字之上，"山"以为姓，盖以志其本也。一曰有嵇山，家于其侧，遂氏焉。（《三国志·王粲传》注引虞预《晋书》）

康寓居河内之山阳县，与之游者，未尝见其喜愠之色。与陈留阮籍、河内山涛、河南向秀、籍兄子咸、琅邪王戎、沛人刘伶相与友善，游于竹林，号为七贤。钟会为大将军所昵，闻康名而造之。会，名公子，以才能贵幸，乘肥衣轻，宾从如云。康方箕踞而锻，会至，不为之礼。康问会曰："何所闻而来？何所见而去？"会曰："有所闻而来，有所见而去。"会深衔之。大将军尝欲辟康。康既有绝世之言，又从子不善，避之河东，或云避世。及山涛为选曹郎，举康自代，康答书拒绝，因自说不堪流俗，而非薄汤、武。大将军闻而怒焉。初，康与东平吕昭子巽及巽弟安亲善。会巽淫安妻徐氏，而诬安不孝，囚之。安引康为证，康义不负心，保明其事。安亦至烈，有济世志力。钟会劝大将军因此除之，遂杀安及康。康临刑自若，援琴而鼓，既而叹曰："雅音于是绝矣！"时人莫不哀之。初，康采药于汲郡共北山中，见隐者孙登。康欲与之言，登默然不对。逾时将去，康曰："先生竟无言乎？"登乃曰："子才多识寡，难乎免于今之世。"及遭吕安事，为诗自责曰："欲寡其过，谤议沸腾。性不伤物，频致怨憎。昔惭柳下。今愧孙登。内负宿心，外赧良朋。"康所著诸文论六七万言，皆为世所玩咏。（《三国志·王粲传》注引《魏氏春秋》）

孙登谓康曰："君性烈而才俊，其能免乎？"称康临终之言曰："袁孝尼尝从吾学广陵散，吾每固之不与。广陵散于今绝矣！"（《三国志·王粲传》注引《康别传》）

康见孙登，登对之长啸，逾时不言。康辞还，曰："先生竟无言乎？"登曰："惜哉！"（《三国志·王粲传》注引《晋阳秋》）

毌丘俭反，康有力，且欲起兵应之，以问山涛，涛曰："不可。"俭亦已败。（《三国志·王粲传》注引《世语》）

山巨源为吏部郎，迁散骑常侍，举康，康辞之，并与山绝。岂不识山之不以一官遇己情邪？亦欲标不屈之节，以杜举者之口耳！乃答涛书，自说不堪流俗，而非薄汤武。大将军闻而恶之。（《世说新语·栖逸》3注引嵇喜《康别传》）

绍与山涛子简、弘农杨准同好友善，而绍最有忠正之情。以侍中从惠帝北伐成都王，王师败绩，百官皆走，惟绍独以身扞卫，遂死于帝侧。故累见褒崇，追赠太尉，谥曰忠穆公。（《三国志·王粲传》注引《晋诸公赞》）

山涛通简有德，秀、咸、戎、伶朗达有俊才。于时之谈，以阮为首，王戎次之，山、向之徒，皆其伦也。（《世说新语·品藻》71注引孙盛《魏氏春秋》）

嘉平中，汲县民共入山中，见一人，所居悬岩百仞，丛林郁茂，而神明甚察。自云“孙姓，登名，字公和”。康闻，乃从游三年。问其所图，终不答。然神谋所存良妙，康每薾然叹息。将别，谓曰：“先生竟无言乎？”登乃曰：“子识火乎？生而有光，而不用其光，果然在于用光。人生有才，而不用其才，果然在于用才。故用光在乎得薪，所以保其曜；用才在乎识物，所以全其年。今子才多识寡，难乎免于今之世矣！子无多求！”康不能用。及遭吕安事，在狱为诗自责云：“昔惭下惠，今愧孙登！”（《世说新语·栖逸》2注引《文士传》）

籍放诞有傲世情，不乐仕宦。晋文帝亲爱籍，恒与谈戏，任其所欲，不迫以职事。籍常从容曰：“平生曾游东平，乐其土风，愿得为东平太守。”文帝说，从其意。籍便骑驴径到郡，皆坏府舍诸壁障，使内外相望，然后教令清宁。十余日，便复骑驴去。后闻步兵厨中有酒三百石，忻然求为校尉。于是入府舍，与刘伶酣饮。（《世说新语·任诞》5注引《文士传》）

籍与伶共饮步兵厨中，并醉而死。此好事者为之言。籍景元中卒，而刘伶太始中犹在。（《世说新语·任诞》5注引戴逵《竹林七贤论》）

阮籍丧亲，不率常礼，裴楷往吊之，遇籍方醉，散发箕踞，傍若无人。楷哭泣尽哀而退，了无异色，其安同异如此。（《世说新语·任诞》11注引袁宏《名士传》）

籍之抑浑，盖以浑未识己之所以为达也。后咸兄子简，亦以旷达自

居。父丧，行遇大雪，寒冻，遂诣浚仪令，令为他宾设黍臛，简食之，以致清议，废顿几三十年。是时竹林诸贤之风虽高，而礼教尚峻，迨元康中，遂至放荡越礼。乐广讥之曰："名教中自有乐地，何至于此？"乐令之言有旨哉！谓彼非玄心，徒利其纵恣而已。（《世说新语·任诞》13注引戴逵《竹林七贤论》）

戎字浚冲，琅邪人，太保祥宗族也。文皇帝辅政，钟会荐之曰："裴楷清通，王戎简要。"即俱辟为掾。晋践祚，累迁荆州刺史，以平吴功，封安丰侯。（《世说新语·德行》17注引《晋诸公赞》）

戎为豫州刺史，遭母忧，性至孝，不拘礼制，饮酒食肉，或观棋弈，而容貌毁悴，杖而后起。时汝南和峤，亦名士也，以礼法自持。处大忧，量米而食，然憔悴哀毁，不逮戎也。（《世说新语·德行》17注引《晋阳秋》）

戎年十五，随父浑在郎舍，阮籍见而说焉。每适浑俄顷，辄在戎室久之。乃谓浑："浚冲清尚，非卿伦也。"戎尝诣籍共饮，而刘昶在坐不与焉。昶无恨色。既而戎问籍曰："彼为谁也？"曰："刘公荣也。"浚冲曰："胜公荣，故与酒；不如公荣，不可不与酒；唯公荣者，可不与酒。"（《世说新语·简傲》2注引孙盛《晋阳秋》）

初，籍与戎父浑俱为尚书郎，每造浑，坐未安，辄曰："与卿语，不如与阿戎语。"就戎，必日夕而返。籍长戎二十岁，相得如时辈。刘公荣通士，性尤好酒。籍与戎酬酢终日，而公荣不蒙一杯，三人各自得也。戎为物论所先，皆此类。（《世说新语·简傲》2注引戴逵《竹林七贤论》）

伶字伯伦，沛郡人。肆意放荡，以宇宙为狭。常乘鹿车，携一壶酒，使人荷锸随之，云："死便掘地以埋。"土木形骸，遨游一世。（《世说新语·文学》69注引袁宏《名士传》）

伶处天地间，悠悠荡荡，无所用心。尝与俗士相迕，其人攘袂而起，欲必筑之。伶和其色曰："鸡肋岂足以当尊拳！"其人不觉废然而返。未

尝措意文章，终其世，凡著《酒德颂》一篇而已。（《世说新语·文学》69注引戴逵《竹林七贤论》）

咸既追婢，于是世议纷然。自魏末沈沦闾巷，逮晋咸宁中，始登王途。（《世说新语·任诞》15注引戴逵《竹林七贤论》）

咸字仲容，陈留人，籍兄子也。任达不拘，当世皆怪其所为。及与之处，少嗜欲，哀乐至到，过绝于人，然后皆忘其向议。为散骑侍郎。山涛举为吏部，武帝不用。太原郭奕见之心醉，不觉叹服。解音，好酒以卒。（《世说新语·赏誉》12注引袁宏《名士传》）

咸行已多违礼度。涛举以为吏部郎，世祖不许。（《世说新语·赏誉》12注引孙盛《晋阳秋》）

山涛之举阮咸，固知上不能用，盖惜旷世之俊，莫识其真故耳。夫以咸之所犯，方外之意，称其清真寡欲，则迹外之意自见耳。（《世说新语·赏誉》12注引戴逵《竹林七贤论》）

咸与姑书曰："胡婢遂生胡儿。"姑答书曰："《鲁灵光殿赋》曰：'胡人遥集于上楹'，可字曰遥集也。"故孚字遥集。（《世说新语·任诞》15注引《阮孚别传》）

律成，散骑侍郎阮咸谓："勖所造声高、高则悲。夫亡国之音哀以思，其民困。今声不合雅，惧非德政中和之音，必是古今尺有长短所致。然今钟磬是魏时杜夔所造，不与勖律相应，音声舒雅，而久不知夔所造，时人为之，不足改易。"勖性自矜，乃因事左迁咸为始平太守，而病卒。后得地中古铜尺，校度勖今尺，短四分，方明咸果解音，然无能正者。（《世说新语·术解》1注引《晋诸公赞》）

秀与嵇康、吕安为友，趣舍不同。嵇康傲世不羁，安放逸迈俗，而秀雅好读书。二子颇以此嗤之。后秀将注《庄子》，先以告康、安，康、安咸曰："此书讵复须注？徒弃人作乐事耳！"及成，以示二子。康曰："尔故复胜不？"安乃惊曰："庄周不死矣！"后注《周易》，大义可

观，而与汉世诸儒互有彼此，未若隐庄之绝伦也。（《世说新语·文学》17注引《向秀别传》）

初，康与东平吕安亲善。安嫡兄逊淫安妻徐氏，安欲告逊遣妻，以咨于康，康喻而抑之。逊内不自安，阴告安挝母，表求徙边。安当徙，诉自理，辞引康。（《世说新语·雅量》2注引孙盛《晋阳秋》）

吕安罹事，康诣狱以明之。钟会庭论康，曰："今皇道开明，四海风靡，边鄙无诡随之民，街巷无异口之议。而康上不臣天子，下不事王侯，轻时傲世，不为物用，无益于今，有败于俗。昔太公诛华士，孔子戮少正卯，以其负才乱群惑众也。今不诛康，无以清洁王道。"于是录康闭狱。临死，而兄弟亲族咸与共别。康颜色不变，问其兄曰："向以琴来不邪？"兄曰："以来。"康取调之，为《太平引》，曲成，叹曰："《太平引》于今绝也！"（《世说新语·雅量》2注引《文士传》）

康之下狱，太学生数千人请之，于时豪俊皆随康入狱，悉解喻，一时散遣。康竟与安同诛。（《世说新语·雅量》2注引王隐《晋书》）

[三] 竹林七贤历代诗文评论资料

颜延之《五君咏》

阮步兵

阮公虽沦迹，识密鉴亦洞。沉醉似埋照，寓辞类托讽。
长啸若怀人，越礼自惊众。物故不可论，途穷能无恸。

嵇中散

中散不偶世，本自餐霞人。形解验默仙，吐论知凝神。
立俗迕流议，寻山洽隐沦。鸾翮有时铩，龙性谁能驯。

刘参军

刘伶善闭关，怀清灭闻见。鼓钟不足欢，荣色岂能眩。

韬精日沉饮，谁知非荒宴。颂酒虽短章，深衷自此见。

阮始平

仲容青云器，实禀生民秀。达音何用深，识微在金奏。

郭奕已心醉，山公非虚觏。屡荐不入官，一麾乃出守。

向常侍

向秀甘淡薄，深心托毫素。探道好渊玄，观书鄙章句。

交吕既鸿轩，攀嵇亦凤举。流连河里游，恻怆山阳赋。

沈约《七贤论》

嵇生是上智之人，值无妄之日，神才高杰，故为世道所莫容。风貌挺特，荫映于天下；言理吐论，一时所莫能参。属马氏执国，欲以智计倾皇祚，诛锄胜己，靡或有遗。玄伯、太初之徒，并出嵇生之流，咸已就戮。嵇审于此时，非自免之运。若登朝进仕，映迈当时，则受祸之速，过于旋踵。自非霓裳羽带，无用自全，故始以饵术黄精，终于假途托化。

阮公才器宏广，亦非衰世所容。但容貌风神，不及叔夜，求免世难，如为有途。若率其恒仪，同物俯仰，迈群独秀，亦不为二马所安。故毁行废礼，以秽其德；崎岖人世，仅然后全。

仲容年齿不悬，风力粗可，慕李文（按：疑当作季父）风尚，景而行之。彼嵇阮二生，志存保己，既托其迹，宜慢其形。慢形之具，非酒莫可。故引满终日，陶瓦尽年。酒之为用，非可独酌；宜须用侣，然后成欢。

刘伶酒性既深，子期又是饮客，山、王二公，悦风而至；相与莫逆，把臂高林。彼得其游，故于野泽衔杯，举樽之致，寰中妙趣，固冥然不睹矣。自嵇阮之外，山向五人，止是风流器度，不为世匠所骇。且人本含

情，情性宜有所托慰，悦当年隐（按：句有讹脱），萧散怀抱，非五人之与，其谁与哉！（《全梁文》卷二十九）

萧统《咏山涛王戎诗二首》

颜生《五君咏》不取山涛、王戎，余聊咏之焉。

咏山涛

山公弘识量，早厕竹林欢。聿来值英主，身游廊庙端。

位隆五教职，才周五品官。为君翻已易，居臣良不难。

咏王戎

浚冲如萧散，薄莫至中台。征神归鉴景，晦行属聚财。

嵇生袭玄夜，阮籍变青灰。留连追宴绪，垆下独徘徊。

叶梦得评七贤

晋人贵竹林七贤，竹林宰今怀州修武县。初若欲避世远祸者，然反由此得名，嵇叔夜所以终不免也。……七人如向秀、阮咸，亦碌碌常才无足道，但依附此数人，以窃声誉。山巨源自有志于世，王戎尚爱钱，岂不爱官？故天下少定皆复出。……唯嵇叔夜似真不屈于晋者，故力辞吏部，可见其意。又魏宗室婿，安得保其身？……阮籍不肯为东平相，而为晋文帝从事中郎，后卒为公卿，作《劝进表》。若论于嵇康前，自宜杖死。”（《避暑录话》卷一）

张居正《七贤咏叙》

余读《晋史·七贤传》，慨然想见其为人，常叹以为微妙之士，贵乎自我，履素之轨，无取同涂，故有谤讟盈于一世，而独行者不以为悔，沉机晦于千载，而孤尚者不以为闷，斯皆心有所惬，游方之外者也。夫幽兰之生空谷，非历遐绝景者，莫得而采之，而幽兰不以无采而减其臭；和

璞之蕴玄岩，非独鉴冥搜者，谁得而宝之，而和璞不以无识而掩其光。盖贤者之所为，众人固不测也。况识有修短，迹有明晦，何可尽喻哉？今之论七贤者，徒观其沉酣恣放，哺啜糟醨，便谓有累名教，贻祸晋室，此所谓以小人之腹，度君子之心，独持绳墨之末议，不知良工之独苦者也。尝试论之。《易翼》有言："天下同归而殊涂，一致而百虑。"故语默不同，其撰一也，弛张异用，其旨归也。巢、由抗行，稷、契宣谟，并容于尧代；箕子佯狂，比干死净，俱奖于宣尼，岂有异议哉！余观七子皆履冲素之怀，体醇和之质，假令才际清明，遇适其位，上可以亮工宏化，赞兴王之业，下可以流藻垂芬，树不朽之声，岂欲沉沦滓秽，无所短长者哉！

（朱东润《张居正大传》）

顾炎武评山涛

有亡国，有亡天下，亡国与亡天下奚辨？曰：易姓改号，谓之亡国。仁义充塞，而至于率兽食人，人将相食，谓之亡天下。魏、晋人之清谈，何以亡天下？是孟子所谓杨、墨之言使天下无父无君而入于禽兽者也。

昔者嵇绍之父康被杀于晋文王，至武帝革命之时，而山涛荐之入仕。绍时屏居私门，欲辞不就。涛谓之曰："为君思之久矣！天地四时，犹有消息，而况于人乎？"一时传诵以为名言，而不知其败义伤教，至于率天下而无父也。夫绍之于晋，非其君也。忘其父而事其非君，当其未死，三十余年之间，为无父之人，亦已久矣。而荡阴之死，何足以赎其罪乎？且其入仕之初，岂知必有乘舆败绩之事，而可树其忠名，以盖于晚也。自正始以来，而大义之不明，遍于天下。如山涛者，既为邪说之魁，遂使嵇绍之贤，且犯天下之不韪而不顾。夫邪正之说，不容两立。使谓绍为忠，则必谓王裒为不忠，然后可也。何怪其相率臣于刘聪、石勒，观其故主青衣行酒，而不以动其心者乎？是故知保天下，然后知保其国。保国者，其君其臣，肉食者谋之。保天下者，匹夫之贱，与有责焉耳矣。"（顾炎武《日知录》十三）

余嘉锡论竹林七贤

竹林诸人，在当时齐名并品，自无高下。若知人论世，考厥生平，则其优劣，亦有可言。叔夜人中卧龙，如孤松之独立。乃心魏室，菲薄权奸，卒以伉直不容，死非其罪。际正始风流之会，有东京节义之遗。虽保身之术疏，而高世之行著。七子之中，其最优乎！嗣宗阳狂玩世，志求苟免，知括囊之无咎，故纵酒以自全。然不免草劝进之文词，为马昭之狎客，智虽足多，行固无取。宜其慕浮诞者，奉为宗主；而重名教者，谓之罪人矣。巨源之典选举，有当官之誉。而其在霸府，实入幕之宾。虽号名臣，却为叛党。平生善与时俯仰，以取富贵。迹其终始，功名之士耳。仲容借驴追婢，偕猪共饮，贻讥清议，直一狂生。徒以从其叔父游，为之附庸而已。子期以注《庄》显，伯伦以《酒德》著。流风余韵，蔑尔无闻，不足多讥，聊可备数。浚冲居官则茸，持身则贪。王夷甫辈承其衣钵，遂致神州陆沉。斯真窃位之盗臣，抑亦王纲之巨蠹。名士若兹，风斯下矣。《魏氏春秋》之评，乃庸人之谬论，不足据也。（余嘉锡《世说新语笺疏》）

鲁迅论竹林七贤

魏末，何晏他们之外，又有一个团体新起，叫作“竹林名士”，也是七个，所以又称“竹林七贤”。正始名士服药，竹林名士饮酒。竹林的代表是嵇康和阮籍。但究竟竹林名士不纯粹是喝酒，嵇康也兼服药，而阮籍则是专喝酒的代表。但嵇康也饮酒，刘伶也是这里面的一个。他们七人中差不多都反抗旧礼教的。

嵇康的见杀，是因为他的朋友吕安不孝，连及嵇康，罪案和曹操的杀孔融差不多。魏晋，是以孝治天下的，不孝，故不能不杀。为什么要以孝治天下呢？因为天位从禅让，即巧取豪夺而来，若主张以忠治天下，他们的立脚点便不稳，办事便棘手，立论也难了，所以一定要以孝治天下。但

倘只是实行不孝，其实那时倒不很要紧，嵇康的害处是在发议论；阮籍不同，不大说关于伦理上的话，所以结局也不同。

例如嵇阮的罪名，一向说他们毁坏礼教。但据我个人的意见，这判断是错的。魏晋时代，崇尚礼教的看来似乎很不错，而实在是毁坏礼教，不信礼教的。表面上毁坏礼教者，实则倒是承认礼教，太相信礼教。因为魏晋时代所谓崇尚礼教，是用以自利，那崇奉也不过偶然崇奉，如曹操杀孔融，司马懿杀嵇康，都是因为他们和不孝有关，但实在曹操司马懿何尝是著名的孝子，不过将这个名义，加罪于反对自己的人罢了。于是老实人以为如此利用，亵渎了礼教，不平之极，无计可施，激而变成不谈礼教，不信礼教，甚至于反对礼教。但其实不过是态度，至于他们的本心，恐怕倒是相信礼教，当作宝贝，比曹操司马懿们要迂执得多。（以上均见《魏晋风度及文章与药及酒之关系》）

主要参考文献

《后汉书》，［南朝宋］范晔撰，中华书局，1965年。

《三国志》，［晋］陈寿撰，中华书局，1975年。

《晋书》，［唐］房玄龄等撰，中华书局，1974年。

《资治通鉴》，［宋］司马光撰，中华书局，1956年。

《文选》，［梁］萧统编，上海古籍出版社，1986年。

《读通鉴论》，［清］王夫之著，中华书局，1975年。

《金明馆丛稿初编》，陈寅恪著，上海古籍出版社，1980年。

《竹林七贤诗文全集注释》，韩格平注译，吉林文史出版社，1997年。

《竹林七贤》，罗敏中选注，岳麓书社，1999年。

《竹林七贤》，曹旭、丁功谊编著，中华书局2010年。

《世说新语笺疏》，余嘉锡笺疏，上海古籍出版社，1993年。

《世说新语会评》，刘强会评辑校，凤凰出版社，2007年。

《阮籍与嵇康》，徐公持著，上海古籍出版社，1986年。

《嵇康集》，鲁迅辑校，《鲁迅全集》第九卷，人民文学出版社，1973年。

《嵇康集校注》，戴明扬校注，人民文学出版社，1962年。

《嵇康研究及年谱》，庄万寿著，台北：学生书局，1990年。

《阮籍集校注》，陈伯君校注，中华书局，1987年。

《阮籍评传》，高晨阳著，南京大学出版社，1994年。

《嵇康评传》，童强著，南京大学出版社，2006年。

《中国思想通史》第三卷，侯外庐主编，人民文学出版社，1995年。

《山涛说》，徐高阮著，《中研院史语所集刊》第四十一本第一分册，1969年。

《“竹林七贤”考》，王晓毅，《历史研究》2001年第5期。

《竹林七贤若干问题考辨》，卫绍生，《中州学刊》1999年第5期。

图书在版编目（CIP）数据

竹林七贤 / 刘强著 . -- 2 版 . -- 北京 : 中国青年出版社 , 2018.4
ISBN 978-7-5153-5106-3

Ⅰ . ①竹… Ⅱ . ①刘… Ⅲ . ①竹林七贤—生平事迹②中国历史—魏晋南北朝时代 Ⅳ . ① K825.6 ② K235.07

中国版本图书馆 CIP 数据核字 (2018) 第 092327 号

策划编辑：吴晓梅
责任编辑：彭　岩　刘晓宇

*

中国青年出版社出版 发行
社址：北京东四12条21号　邮政编码：100708
网址：www.cyp.com.cn
编辑部电话：（010）57350507　门市部电话：（010）57350370
北京盛通印刷股份有限公司　新华书店经销

*

710 × 1000　1/16　18.25印张　200千字
2010年10月北京第1版　2019年5月北京第2版
2021年10月北京第3次印刷
定价：68.00元
本书如有印装质量问题，请凭购书发票与质检部联系调换
联系电话：（010）57350337